適應力是生命歷程中，
隨緣發揮創意，
踏上康莊大道的智慧。

它是生活的動能，
引領我們進退自如，
走遍千山萬水，
打造豐足的人生。

起動適應力來生活，
你會發現，
「無處青山不道場」。
用適應力去拓展生涯，
你會發現，
隨緣都是「月皎風清好日晨」。

適應力指引我們：
不可以隨波逐流，
那會迷失和落魄；
要懂得隨波逐浪，
找到柳暗花明又一村。

鄭石岩

起動

適應力

適應當前環境，開拓美好願

目錄

序 創意是適應力的根源

我們生活在一個快速變遷的社會環境裡。你必須不斷的調適，才能與時俱進，不會與新潮流脫勾。不能適應新情境，很快就成為邊緣人，覺得自己無能、自卑和退卻。這些人會待在家裡走不出去，或者憤恨不平，在諸多挫折中，產生情緒異常現象。

創意是指一個人，能透過彈性思考和領悟力，找出新的解決問題的方法。從而適應新環境，走上成功之路，心中有著自在和滿足的喜悅。

透過創意，我們能適應環境和生活的需求。不只在工作上表現良好，在人際互動、處理生活壓力和滿足自己需要上，都能有良好的回應。調適不但能與別人和諧相處，也能保持心中的安適和自在。他能面對現實，做正確的回應，發展成功的人生。

調適使自己事業發展順利，社會人際網絡加大，職業效能提昇。他們的挫折容忍力較好，所以有較好的思考力去解決問題。他們態度正向，不掉入負面情緒，故能發揮創意去解決生活中各種挑戰和困難。好的適應力，同時也帶來健康、清醒的思考，樂觀的態度和良好的社會適應。

我們生活在複雜而變遷快速的環境裡。創意提供了調適的可能性，並將之化為真實。

創意的心理歷程，是個人內在心理特質，與現實生活接觸時，所引發全新註解問題的視野。只要你能掌握這個問題的關鍵，開啟它，運用它，你就會有好的適應和豐收。對於這個心理歷程，心理學家羅吉斯（Carl Rogers）作了以下的解釋：

- **保持心靈的自由和開放**。不被頑固的防衛性、成見和偏見所困，不被焦慮與懼怕綁架，就能讓自己的想像力自由神馳，出現於腦海。
- 創意是過去的經驗和眼前的現實，相互激盪所產生的意象。要懂得引發它，心領神會去解釋它，並落實在要解決的問題上。

●**要保持自主的評價態度**。如果你容易因受到別人批評，而改變了想法，則創意和點子，很可能被壓抑下去，沒有機會發展成真知灼見的創意。

●**創意是努力之後，在閒情逸致中浮現的**。因此我們要投入現實的生活與工作，並在悠然的心境中生活，創意的靈感就在這時出現。

從專業經驗中，我發現創意不只在解決專門性問題時用得著；創意在日常生活調適中，隨時都用得著。**有創意的人，在待人接物，以及對待自己的態度，都能保持心理平衡。生活中無論是順是逆，都能發揮其效能，給自己帶來快樂、健康和幸福**。

這本書就是把創意和適應力結合，透過多元的向度加以討論。相信能給你帶來好的適應力，去創造成功、快樂和健康的人生。為顯示起動適應力的重要，引發大家的興趣和關注，以一段偈子作為導讀：

旨哉！適應力

適應力是生命歷程中，
隨緣發揮創意，
踏上康莊大道的智慧。
它是生活的動能，
引領我們進退自如，
走遍千山萬水，
打造豐足的人生。

起動適應力來生活，
你會發現，
「無處青山不道場」。
用適應力去拓展生涯，
你會發現，
隨緣都是「月皎風清好日晨」。

適應力指引我們：
不可以隨波逐流，
那會迷失和落魄；
要懂得隨波逐浪，
找到柳暗花明又一村。

心理學家貝克說：
生命是艱難的，
要面對真實負起責任，
才能適應多變的人生。

禪宗洞山大師則說：
「也大奇！也大奇！
無情說法不思議。
若將耳聽終難會，
眼處聞聲方得知。」

種種生活的變化和情境，
全賴適應力，
才能順遂圓滿解決。

適應力就在你心中，
只要起動它，
就能產生智慧和活力；
只要起動它，
就能締造美好的人生。

1 好運就在你心中

每個人都希望自己好運，實際上好運是培養出來的。別以為自己有個既定的命運，實際上每個人對自己的命運，擁有很大的參與性。換句話說，**你自己有很大的決定權，好運藏在你的心中，握在你的手裡**。

生活在變遷快速的時代，科技推陳出新，產品日新月異，市場的經濟生活變化快速，金融活動有如海嘯洪流。加上政治力的推波助瀾，社會不斷解組和重構。我們真是生活在無常的境遇，面對瞬息萬變的挑戰。於是，你不得不頭腦清楚，眼明手快，用自己的創意、判斷和執行力，去面對一波波的變化和挑戰，日子才能過得好，而不是靠著運氣。

我承認每個人都難免有「時運不濟」的時候。但仔細思量那些歹運都是自己準備不夠，看走了眼或錯估形勢，乃至人謀不臧等因素所造成。因此，好運要靠自己的心力，要多磨練，多培養本事，而不是光靠好機運就能有所成就。現在我歸納心理學家們研究的結果，供大家作為培養好運的參考。

想得對做得好

想要獲得成功幸福，一切都能如意，最重要的是構思時要想得對，執行時要做得好。我在年輕時，曾跟長輩一起合夥做生意。我們在宜蘭的山區包下一大片竹林，僱工將這些粗大的竹子（毛如）砍伐下來，運到市場賣出，供當時搭蓋建築鷹架之用。我細算成本，想著這筆生意必然獲利甚豐，不禁暗自高興，喜形於色。但是我們砍伐的時間不對，竹子藉著河水流放下山時，剛好碰上乾旱，又逢春天樹木一起發芽，一時河川乾涸。砍下來的竹子，無法放流順水而下，結果堆積如山的竹子，全在烈日曝曬下，乾裂成廢品。這次血本無歸的生意，現在想起來，心中還有遺憾。那時我聽到同伙長輩嘆說，「天公不作美，我們時運不濟。」我卻想著：

「我們所缺乏的是正確的氣候知識，而不是時運不濟。」

好運是要透過我們的前額葉皮質（prefrontal lobe cortex），進行資料處理，才產生決策和行動。這部位就是個人人生的「總經理辦公室」。如果你送給它的資訊不完整，甚至是錯誤的，它又怎麼做出正確的判斷和有效的執行呢？

於是我想起了蓋洛普（Gallup poll）的調查研究。他們調查各領域成功的美國人，詢問他們成功的主要因素，歸納出**成功人生的前五大因素是：明白事理、廣博的知識、多方面的能力、好的工作習慣和毅力**。善哉！人要想行好運無非要從這裡下手，而不是憑藉運氣魯莽行事。雖然人偶因賭運氣可獲得一時的成功，但往後又怎麼永續經營呢？

決心參與好運

好運是可以透過個人的參與而誘發出來。你怎麼看自己的命運，就會誘發出什麼命運。當人具備樂觀的思考模式，看事情自然會從正面著眼，從而產生信心、毅力和興趣，更進而引發思考、創意和行動力，好運自然出現。你應該聽過：好運總是降臨在有心人身上，正是這個道理。反之，當人所持的是悲觀思考模式，自然偏向負面思考，即使情境很好，也會產生無助和悲觀。悲觀者無法堅持努力，不能正向地運用腦力，最後總歸於失敗，歹運之神似乎與他形影不離。

心理學者保羅．皮爾索（Paul Pearsall）發現：人的想法和態度，往往誘發事態的變化和走向。因此，悲觀不抱希望的人，往往運氣不好，遇事不順，甚至引起重大的疾病。樂觀踏實的人，則能引導好運上身，創造出全新的奇蹟。他把這種現象稱作：當事者的參與性。

人如果缺乏正向的心靈，不肯面對真實，發揮創意，即使簽中高額獎金的樂透，也不能維持多久的好日子，甚至惹來人生新的困擾和難題。專家研究指出：那些中彩券的幸運者，平均也只有七年左右就又回復原來的經濟狀況。所以要培養好運的方法，是負起責任，歷練自己和培養心力。

一位老人因為孩子不肯上進，每天跟愛玩樂的朋友鬼混，前來晤談。他說，我勉勵孩子上進，要他多歷練，學習經營的本事，將來才能繼承家業，光耀門楣。沒想到孩子回話說：

「你把事業交給我吧！別擔心，我一輩子都會好運亨通。」於是，老父為他解釋工作需要專業知識、了解市場、清楚進出之道，這都需要歷練才能學會。他對兒子強調：

「好運頂多光顧你一次，沒有真本事是不行的。」這時兒子卻一本正經地說：

「老爸！把事業交給我吧！好運就從天上掉下來。」

這位老人家聽完兒子的話，真是跌破了眼鏡，也跌碎了愛子之心。我只能安慰老人家說：「你的觀點是對的。於今之計，要慢慢讓他參與，從中誘導，漸漸增加他的成功經驗，培養他的實力。年輕人要擔當大任之前，是需要有一段時間的歷練，才能成氣候。」

營造你的好運

營造好運，要從培養正向性格開始。依心理學家羅洛・梅（Rollo May）的觀點，性格可以分成四個本質，即：自由性、個體性、社會性、和宗教性。所謂自由性是指一個人適應環境的能力，解決問題能力越好，適應力越強，其揮灑的自由度就越大，得到成功和幸福也越多。這個心靈上的自由，不同於人權的自由，它是靠自己願意負責，去學習和歷練得來的。心靈的自由度越高，好運當然就越多。

其次是個體性；人越能接納自己的根性因緣，用手中所有的資糧，去發揮、創造和延伸，就越能獲得成功和幸福。每個人各不相同，性向能力互異，若一味想要變成別人，又處處與別人比較，無異放棄自己，而變得無助沮喪。因此，**能發揮個體性的人，容易走出自己的路**。「天生我才必有用」，**懂得自我實現的人，好運必然出現在他的人生路上**。仔細瞧！各行各業的創意成功者，都從這兒看到人生的光明路。

其三是社會性；人際的善緣結得越多，越有「得道者多助」之感。他們在生活和工作上，得到豐富的的工具性支持、經濟性支持、意見的支持和感情的支持。他們不但容易成功，而且在身心健康上也較好。許多研究指出，社會性好的人，人際網絡大，他們的免疫力強、壽命長、死亡率低，心情也比較快樂。這些人真是好運加持的天之驕子！

第四是宗教性或意義性；凡是懷抱著正向信仰和人生信念的人，對生命的意義有較豐富的體認。他們在發憤圖強的人生路上，得到豐沛的精神力。在碰到挫折和困境時，較能從中找到舒坦，並發現意義和新方向。這些人不但工作穩健成功，情緒穩定，而且免疫力好，死亡率也比較低。

很明顯的，宗教和信念，是人生壓力的緩衝器，也是生命歷程的明燈，它帶來諸多好運。

結語

好運是經營出來的，對個人如此，對社會國家乃至全世界的前途也是一樣。我不相信宿命論，因為那會使人鬆懈或無奈。我相信造命的態度：要想得對做得好，決心參與好運的塑造，並著手締造幸福人生。也許此刻你會問我對算命的看法，我的回答是：只要你能依照上述的要領去做，算與不算，都能帶來好運。

請記得！好運就在你心中，掌握在你的手裡。

2 怎麼想就怎麼生活

我們生活在變化無常的現實世界裡。一個人如果不能面對現實，以為在現實的背後，另有操控的勢力，在左右自己的際遇。那就會活得紛繁，耗費許多心力，產生諸多怨憎、敵意、委屈和悲傷。他無法面對現實，更不能透過正確的思考和執行力，去解決問題。心中的困擾、壓力和狐疑，會不斷增加。他把所有的心力，花在憤恨不平，花在自憐和無助，甚至走上迷信宗教之路，造成生活的挫敗和痛苦。

現實和思考解決問題，兩者一旦疏離，就會帶來生活失調和情緒失調，前者帶來偏頗的看法和行為，在失誤挫敗的漩渦中掙扎，日子久了，行為模式固化，就造成性格異常。後者則因為憎恨和無助，又無法解決所面對的困擾，從而造成焦慮、憂鬱或心身症等現象。

人如果陷在真相與另有隱情的矛盾之中，心中就有了兩個互相矛盾的勢力。這不但不能面對現實解決問題，產生成就感和信心，孕育健康的自尊。而且還會帶來心理困擾，甚至造成心理異常，陷入痛苦失能的現象。所以，**在佛法的唯識論中，特別指出要「轉識成智」，不要把執著情染的識和覺醒真實的智分為二。這就叫「入不二法門」**。只有如此，才能了了分明和活在現實之中，也只有這樣沒有成見、偏見和矛盾心理，才能看出生命的究竟義，活出智慧的理趣，獲得無量的法喜。

這是一個真實的案例。有一位工程師，他的名字就稱他叫多疑吧。他在世界級的資訊公司任職，工作表現也不錯。後來換了一個新的上司。這位上司為人和行事風格，比較性急，談話常帶著批評語氣。這位工程師開始覺得主管對他有成見，認為自己受到委屈。明明知道自己的工作效能不錯，卻氣不過主管的態度，認為自己受到不公平待遇。他覺得另有真相，心懷嫉恨地提出辭呈走人。他辭職以後，沒有順利地找到適合自己專長和喜歡的工作，在家裡一待就是兩個月。他怕親戚朋友認為他是被解職，工作不力而失業。所以衍生了不敢出門，造成畏縮和憂鬱。他陷入嫉恨和無助的窘境，每天待在家裡。

他在親人勸說下，來跟我晤談。在談話中，他承認自己想太多，覺得主管是在對他下逐客令。失業在家的兩個月，想得更負面、更鬱卒。在晤談中，我引導他面對真實，「以往的事已過，你要面對現在的真實。」我做了面對真實的心理分析，引導他去認識，「在還沒有回到職場的空檔，去做一些有益的事。」他了解了面對真實，依現實情境做有意義的事。他覺悟的說：

「我從小都在用功讀書，沒有時間旅行。我想利用這段時間去國外旅行，順便拜訪親友。我的儲蓄付這些旅費，輕而易舉。」我問他：

「你見親友時，是為了傾吐你的鬱卒？或者你對現實充滿的希望？」

他毫不猶豫地說：

「從你這裡我了解到活在現實的真諦：我眼前雖然失業，正好用來彌補過去沒時間旅行。這是我新的希望和目標。在旅行中我可以和同業的朋友聊聊行內的話題，了解新的趨勢。」

他真的去實踐新的計畫。他在旅行中一直帶著正面的思考。他的旅行快樂豐收，拜訪親友的交談中，領會到每個人回應別人的方式不一樣，都值得傾聽，但不起疑心，衍生陰謀心理。更值得慶幸的是：他在旅行之後，很快找到新工作。他來告訴我：

「本來是失落的心情和處境，用你所說的正向思考去看它，卻展現了全新的現實。我不但有了快樂的旅行，更在好友的交談和腦力激盪中，找到新機和工作。我不再徬徨鬱卒了。」

我知道旅行治療了他心中的多疑。當他把猜疑意識，轉化用在面對真實時，他的創意提昇了。他的生活落實在現實之中，發現了其中的快樂和信心。

類似這樣的實例還不少。人很容易把所遭遇的現實，曲解成另有隱情，或別人心懷陰謀。結果自己就陷入了負面的思考，做錯了決定，陷入情緒困擾之中。

於是，在我的實務經驗中，得到一個心得：你怎麼想就怎麼過生活。

誠如美國國家健康研究委員會委員喬布拉（Deepak Chopra）所說：「在這世界上，有一樣東西完全屬於你自己，那就是你對世界的解釋。」一個人對所面對的現實，所作的解釋，就是他的想法和信念。

人若想活得好，活得快樂和健康，就要注意以下幾件事：

核心信念在引導你

核心信念是人生的主軸，當自己領受到自我效能（self-efficacy），相信自己採取行動，能達到目標的信念，就能除去干擾其行動的疑心，在遇到困難時有所堅持。這誠如禪宗三祖僧璨在《信心銘》中說：「至道無難，唯嫌揀擇」，又說「違順相爭，是為心病」。所以他在結尾時說，「信心不二，不二信心，言語道斷，非去來今。」一個人對自我效能有了信念，就能除去種種干擾、引誘和阻礙。看清真實，透過行動去達成目標。你的際遇不會打敗你，不過你脆弱的信念卻會擊垮你。

解釋型態在左右你

每個人隨時都在接觸現實的世界。但由於過去的經驗不同，價值觀念和情緒狀況各有差異。所以透過知覺蒐集的資訊，在送到前額葉皮質作思維、抉擇和行動之前，有些訊息就會被過濾掉。因此，每個人對現實的解釋，多少會有差異。然而，影響最大的還不是這個部分。對事情的解釋型態，影響更大。

一個悲觀的人，會把一時的挫折感、稍有瑕疵的事，解釋成全盤皆輸；感到沒有面子，或者陷入信心崩盤，而變得鬱卒或絕望。一個樂觀的人，則能了了分明，知道問題所在，想出補救的方法。他對自己的信心和評語，不但不會墜落下來，還能保持樂觀精進。他還感受到「自我效能」還不錯。

悲觀的解釋型態，不只影響工作效能，甚至逃避現實。繼而帶來憂鬱，免疫力下降，而影響身心的健康。樂觀的解釋型態，則能接受事情的原貌，看出光明面，去解決所遭遇的問題。

人際支持在影響你

人際網絡較大的人，他得到的社會支持較多，對事情的看法和解釋，顯得視野較大。他們不會被編狹的見解綁架，也較能在互動之中產生正向的腦力激盪，其思考和行動較有創意。相對的，人際網絡狹隘的人，經常陷入孤獨的情境，他們執著、編狹、缺乏創意。古人所說：「獨學而無友，孤陋而寡聞，」值得我們重視。

此外，諸多研究發現：人際網路大的人，社會支持較多，他們的免疫力較好，身體比較健康，平均罹患重大疾病的機率較低，受慢性病折磨的百分比少了兩倍。

結語

樂觀的人，較能面對真實，以正向思考，去面對問題，解決問題，從而提昇了自我效能和信念。他們是樂觀的，是有活力的。他們不會陷入沮喪和焦慮，更不會疑神疑鬼，陷入思慮失明。多年心理晤談和研究，我得到的結論是：你怎麼想就怎麼生活。

3 慈悲的心理動能

人的精神生活和生命的存續，都是來自一種心理動能（dynamic energy）。我們透過它展現活力和創造力，去克服種種生存上的困難，從而帶來快樂、健康。更讓自己活得有信心，有意義，感受到人際的溫暖和自在。

這種心理動能源自慈悲。我們透過慈悲，發展出有能力的愛，讓生命變得快樂豐采。然而，什麼叫慈悲呢？它不是靜態的道德觀念，不是只對弱者的同情和心疼，而是給予或付出，去幫助需要幫助的人。誠如佛經上所說：給眾生安樂便是慈，願意去拔除眾生的痛苦叫做悲。慈悲源自心中的愛。**心理學家弗洛姆（Erich Fromm）所說：「有能力的愛是生命中積極主動的力量。」慈悲的行動和心願，建立在給予上。**給予是人性的最高表現，從中我們體驗到自己的能力、信心、豐足、生氣蓬勃和快樂。當然也帶來人性的醒覺和生命的正向發展。

於是，要想生活得豐足自在，身心健康，並看出生命的意義和最終出路，必須借助慈悲的行動，實踐有能力的愛，才能如願以償。

一、慈悲的心力

我們在宗教上，常聽到「好心有好報」，「慈悲有愛，必得護佑」，慈悲的功德無量。於是，許多人去實踐慈悲，是為了討好權威的神祇。這樣的慈悲行動是被動的，是一種祈求心態，或者想擺脫焦慮，而以慈悲行動，向權威祈求饒恕。這樣的行動，即使得到稍許慰藉，但內心是有所執著的。於是，一波未平，另一波又起，內心充滿著焦慮和不安。這個壓力循環，可能來自想行慈悲，然而卻無力辦到。原因包括財力不足，家人反對，心中捨不得的矛盾等等。這種現象，會給自己帶來更多的壓力，引發神經系統的失調，影響身心健康，帶來更多的心理困擾。這種對慣性的慈悲，往往造成庸人自擾的後果。

對慣性的慈悲中，最嚴重的就是討好「怨親債主」。這種頑固的強迫性觀念，把一個人推向焦慮症的陷阱，很難逃脫作繭自縛的頑固想法，以致長期的折騰自己。

另一種向度的慈悲，起源於自己的主動性。他以平靜的心去同理別人，清醒地面對真實，給予別人快樂，幫助別人脫離痛苦。能做什麼就做什麼，該怎麼裁量，心中有一把清醒的量尺。他願意給予或奉獻，願意為公益努力不懈，在心情上充滿著熱情樂意。這種豐沛的生命力，不但能慈悲助人，同時使自己充滿喜悅。他在無所求的慈悲奉獻中，增強了自己的生命力，也感動了他人產生慈悲的愛和行動，並提昇了自己的自我功能。

在神經科學的研究上，對於主動性的慈悲，有著極高的評價。因為它能自愛愛人，己利利人，從而帶來情緒的穩定，大腦功能的健全發展，孕**育寬闊喜樂的心胸，跳脫執著的情染和束縛，開展心靈的成長（spiritual growth）。它對個人的身心健康和生活品質的提高，有很大的助益。**

二、慈悲源自有能力的愛

慈悲就是有能力的愛。我們既要愛自己，也能愛別人。愛的特質就是給予，能透過同理心，有能力給予別人幫助，引導自己正向發展和孕育出主動性。此外，幫助別人解脫痛苦，從種種障礙中掙脫出來，得到成功和喜樂。我們所愛的對象，除了人之外，對一切有情眾生，乃至山河大地和社會文化的發展，都是慈悲大愛的對象。**透過有能力的愛，去施展慈悲心，人生才變得振作，覺得有意義，從而也感受到溫馨和豐足。**

任何一個人，無論他的年齡、時代或環境如何，心中懷著慈悲，去實現有能力的愛，便是在施展創造性和主動性。他心中感到豐足有意義，身心健康也維持得較好。然而，什麼是有能力的愛呢?我很佩服心理學家弗洛姆的分析。他認為有能力的愛，包含了：關懷、負責、尊重和知識四個因素。

（一）關懷的態度

首先我們要明白，慈悲與愛並不只是一個心情或感受，更不是一個靜態的道德觀念。你主動地發慈悲心，要去愛一個人或社會發展，就必須去關懷它。關心或關懷表示把這件事的相關資訊，輸入自己的大腦。蒐集種種資訊和情境，能使大腦的基模（schema），開始接收所關心的人、事、物，進入了解其處境和狀況。

關懷讓我們產生慈悲的動機，並讓大腦開始動起來。關懷引發人的主動性，開啟了思考和創造的動機。任何一個人，只要失去關懷的動機，心力就變得貧乏。年輕人失去這個因子，就會頹廢不振。老人失去主動關懷，就會老化得很快。病人失去了它，就會絕望地面對病魔，束手就擒。關懷所愛的人或事物，能使心力振作，孕育主動性和動機。

（二）負責的行動

其次是負責。有能力的愛就是要付諸行動。一個能自愛的人，必然對自己的人生負起責任，去思考和行動，去學習和磨練。老師愛學生，就要負起教導的責任。父母愛子女，就要擔負養育照顧之責。放棄責任無異失去生命力和創造性。無論是自己的人生、婚姻、事業、健康乃至社會適應，只要放棄責任，就等於放棄自愛，而變得空虛、徬徨，甚至放縱自己，隨波逐流。意義豐富的人生，不是只憑心想事成能得來的，必須你願意關懷它，對它負起責任，採取行動。潛藏在我們心靈深處的主動性和創造力，才能源源不絕地流露出來，給自己帶來豐收和喜悅。

（三）尊重現實

其三是尊重；愛的本質是給予，透過愛的力量，幫助別人成功，喚起他的主動性，引導他走向成功的人生。然而每個人的人生境遇不同，根性因緣互異，興趣和想法更是不一樣。因此，要幫助一個人或愛一個人，絕非照我們的主見去幫助他，屈服當事人照著去做。**慈悲有能力的愛，是能產生正向效果的愛，所以必須建立在尊重上。**尊重不是完全接受對方的要求，而是依其實境、需要和性格特質，開展對他的協助，並維護被愛者的信心，支持他的善良動機，維護他的自尊，讓他走上適合的成功之路。我們以慈悲之心愛人，如果缺乏尊重對方的心理因素，經常會被拒絕，甚至起了對立、摩擦和困擾。

（四）豐富的知識

其四是知識。慈悲不是只有同情和體恤，而是以關懷、負責和尊重的態度去給予協助，讓受助者得到成功，解決他的困難，從中離苦得樂。這需要豐富的知識，並對受助者的情境有一定程度的了解。於是，知識是慈悲愛心的另一重要因素。要培養慈悲心，一定要具備豐富的知識，了解人情世故，否則慈悲和有能力的愛，很難開展得成功順利。

結語

慈悲是生命世界互相關懷的動能，有了它我們才發展出有能力的愛。有了它我們才有人際支持和溫暖。慈悲心可以說是我們的生命力。佛陀在《大般涅槃經》中指出「大慈大悲名為佛心」，佛性就是生命清醒的根本智慧。因此，有慈悲就有愛，有能力的愛就是正向的生命力。

最近心理學研究證實，人只要發展出正向的生命力，就能活得健康和長壽，生活品質提昇。慈悲心所產生的心理動能，不只是對人的愛，而及於萬物乃至山河大地。

培養慈悲心，真是開展幸福人生和正向生涯的妙方，也是喚醒個人生命力的關鍵。

4 做明智的決定

人為了生存，為了成功、幸福和快樂，為了日子過得有意義，每天都得面對環境的挑戰。人要面對現實，做正確的思考、抉擇和行動。其實，這兩者是一體的，人怎麼想就怎麼決定和執行，隨之而來的是結果和感受。

失望和痛苦，是由於做錯了決定。成功和快樂，則是正確決定的結果。然而，決定來自人的系統思考，成功的結果來自有效的執行能力。

一、成敗得失的關鍵

多年來我從心理晤談的經驗中，發現當事人所做的錯誤決定，往往是逃避現實或扭曲真象，執意用他主觀所想的情境和需要做決定。於是脫離現實，帶來失敗和困擾。這種情形有時來自一時的衝動，有時來自生活經驗的執著和情染，也有可能肇因於對現實的不夠了解以及知識經驗的匱乏。

相對的，我也有機會見過許多成功的人，特別是我有十年的時間，參與國家科技發展工作。常有機會跟不同領域的傑出人士一起開會。我發現他們不只思考縝密、有創意、有系統，更知曉他們經驗豐富，能同理別人的意見，吸納別人的見解，而形成新的創意，作成決定，並充滿希望地去執行、考驗和持續研發。

我很敬佩台灣的科技之父李國鼎先生。他不只智慧創意好，學術淵博，經驗閱歷豐富。他有著勤奮、冷靜和清廉的持心。更有美好的同理心，能吸納許多人的智慧，共同做出好的計畫，有效的推動執行。他善於運用腦力激盪，活潑的會議討論，從而做成計畫，並透過群策群力去執行。我所看到的孫運璿先生，乃至企業界的傑出人士也多如此。作為一位心理工作者，有機會親炙這樣的健康偉大心靈，就更能了解陷入心理困擾的挫敗者，他們的心靈窘境、不安和扭曲。

二、決定的心理因素

從神經科學的角度來看心理運作：大腦的前額葉（prefrontal lobe）就是我們的思考、決定和執行的發動中樞。當它運作思考時，必須輸入充分的所需資料。於是，個體常有的過去經驗和知識，以及對現實所搜集的資料，直覺系統所作的預感，乃至情緒系統對現實的反應，都會輸入到這個資訊處理中心。經過思考，做成決定，進而去推動執行。它的品質，決定了個人的成就和幸福。

豐富的知識和經驗，對現實的觀察、了解和預感，乃至情緒和情感等因素，都會影響我們的決定。生活在今日數位化的時代，許多人侷限在網路上的資訊，缺乏生活和工作的現實經驗，於是陷在虛幻的思考想像，從而在做決定時，有著不切實際的抉擇，導致失敗的結果。一位富二代的年輕人，他幾次創業，都沒有成功。在晤談時他說，「我命運不好才會屢戰屢敗。」細問之下，才知道他原來是眼高手低，缺乏實務的經驗。

眼前先進的國家，流行著「溫室裡的教育」，對孩子保護太多，生活和待人接物的經驗不足，台灣也不例外。這些未經琢磨的青年，離開學校之後，又缺乏從基層做起的經驗。於是在實務工作上，分析前因後果的準度不足，所做決定難免偏頗不周，導致挫敗或損失的結果，自然就難以避免了。

三、情緒影響決定

大腦的額葉是思考和決定的神經重鎮。神經科學家研究發現，若沒有情緒的指引，就無法決定哪裡重要，哪裡不重要。神經科學家卡特（Rita Carter）說，「複雜的情緒，有著縝密的認知結構，只有在經過意識心智審慎考量之後，才能清明獲得。這些複雜的資訊，經過前額葉與邊緣系統交換訊息，才能做出決定。」於是，個人的情緒如果是沮喪、無助、不安或焦慮的狀況，有可能做出負面的抉擇或行動。顯然，情緒安定，有助於做出正確的決定，形成正向的心理和行動。

大腦的前扣帶迴，介於額葉（思想、決定和行動的運作場）與邊緣系統（感情與情緒的中樞）之間。我們能維持思考、決定和感情情緒的平衡，做出合理的決定，就是靠著前扣帶迴的運作。因此，如果前扣帶迴功能健全，就能掃除憤怒或懼怕不安的衝動，有較好的同理心，能了解別人的想法和心情，從而做出適切的決定。

掌控心理情緒和發揮同理心的前扣帶迴，若與前額葉的神經迴路契合，從而產生專注力、記憶力、行動力等決策功能。這些功能有助於個人實現人生的願望和目標。於是安定的情緒和良好的同理心，是決定和執行力的重要根源。多年來的心理晤談經驗，以及在職場和工作中的隨緣觀察，我深信上述科學研究的可信度。同時也明白，那些能做正確決定和維持良好執行力的人，他們都有很好的情緒智商。

四、當心怒火中燒

憤怒是一種負面情緒，它的背後隱藏著敵意；憤怒被激發出來時，很容易引起暴力。暴力可以用語言來表達，也可以用肢體來表現。前者稱為語言暴力，後者稱為肢體暴力。個體在受到挫折、威脅、阻擾、嘲笑、譏諷等等刺激時，很容易產生憤怒的情緒。

憤怒使個體的壓力荷爾蒙激增，全身進入緊急戒備狀態。只要稍稍再受到一些刺激，就會引發暴力。暴力可以向外攻擊，例如傷害別人、破壞物品；也可以在壓抑之下轉向攻擊自己，例如自我傷害或自殺。憤怒衝動起來，就會抑制大腦理性思考，所以會不假思索，採取最原始粗暴的方式，去擊倒威脅或障礙的來源。

在憤怒的時候，個體會說錯話，做出非理性的行為，使用暴力造成傷害。也有人因此被炒魷魚。婚姻會因為憤怒引發暴力而決裂，親子因為憤怒引發衝突，造成嚴重困擾。朋友之間也常會因為憤怒而造成暴力和敵意。所以要當心怒火。

這是一個憤怒的時代，到處都可以看到憤怒。議事公堂上，經常看到憤怒敵視的對壘，甚至演出全武行，大打出手。我很懷疑用這種方式議事，能寧靜致遠，為社會國家發展運籌帷幄。

再仔細看看周遭，熙攘的市場內，很容易看到憤怒和爭執；走入社區，也不難發現家庭的暴怒指責；馬路上你可以看到，車子擦撞時怒目相向的緊張畫面；報紙上更多登載憤怒暴力事件。

憤怒給人類帶來的傷害，是有目共睹的。憤怒這種負面情緒，不但危害生命財產的安全，製造糾紛和敵意，破壞正常溝通和創意。對於個體的身心健康影響尤其值得注意。

憤怒對身體健康的負面影響很大。長期壓抑憤怒，會傷害個體的健康。馬嘉利・布魯克斯（Majoric Brooks）的研究發現，敵意憤怒的頻率越高，罹患腫瘤的機會也越大。此外許多研究指出，憤怒頻率高的人，比溫和的人易罹患心臟病，而且其復發的機率也較大。諾曼・安德森

（Norman B. Anderson）也說，長期研究發現：憤怒感覺強度較高的人，罹患心臟病的風險較大。已罹患心臟病的病人中，其復發的機率增加七倍。此外，亦有研究指出，敵意和憤怒，會破壞免疫力，對健康造成很大的傷害。

憤怒如果得不到適當的紓解，持續採取忍氣吞聲的方式，把它壓抑在心中，就會累積憤怒，對於身心造成更多負面影響。長期壓抑憤怒，得不到紓解，會對健康形成更大的傷害。研究顯示壓抑憤怒的結果，會造成胃腸、呼吸、循環系統方面的疾病。有些研究指出憤怒與潰瘍、風濕性關節炎以及頸痛鬱悶等有關。

憤怒要設法紓解或排遣，但絕對不是洩憤或壓抑。

當憤怒湧上心頭時，不妨先「放下」它。去做點輕鬆的事，讀一段養心的文章或做點靈性的修持，先平靜自心，再用正向思考和樂觀的態度去面對現實，做明智的決定。

結語

做一個正確合適的決定，需要具備多方面的知識經驗和能力，對現實的觀察與掌控必須正確，並具備良好的情緒智慧等等。除此之外，個人大腦前扣帶迴的功能是一個關鍵性的因素，它與個人作決定的執行力，有著密切的關係。它影響我們的思考和情緒殊大。而它的功能卻來自我們平時的涵養和修持。

在現代人忙碌和高壓力的生活競爭中，如果能培養慈悲心，修持靜觀，如坐禪、超覺靜坐、氣功等等，從而涵養靈性（spirituality）的力量，便能提昇大腦的神經機能。改善生理與情緒的健康，產生寧靜、同理心和慈悲心，增強認知和創意，將有助於形成正確的思考、明智的決定和執行力。

5 柔軟心有大用

柔軟心帶給我們活潑的思考，平靜的心情。它提昇了生活和工作的創造力和主動性，同時也帶給自己好心境和歡喜心。柔軟心是一種生活的智慧，是適應忙碌紛繁的現代社會，最需要的心理特質。它是個人的軟實力（soft power），帶來成功的人生。

然而，柔軟心常被曲解成心地軟弱，缺乏毅力和肯定性，導致一個人無所作為。或者把它狹隘化為心地雖然善良，但柔弱不振，無所作為。這都是對柔軟心的誤解。

其實柔軟心有大用，它是一個人成功幸福的心理素質。每個人都應該注意培養自己的柔軟心。在家庭教育和學校教育上，父母和教師都該重視子女柔軟心的培養和陶冶。

柔軟才能思考

人的智能要隨著年齡成長、社會變遷、時代潮流變化，不斷的重構，產生活潑的思考力，孕育新的創意來解決問題。因此，如果一個人僵執在原來的思考架構上，停留在過去所建立的基模裡。他的大腦神經網絡失去柔軟功能，無法產出新的創意和解決問題的能力。他就會陷入思考僵化，不能有效回應現實環境。

因此，每個人都要保持大腦的柔軟度。要打開自己的心理世界，去學習新知，了解現實，懂得跟別人同理。這就叫柔軟心。有了它，不管在專業知識的成長，待人處世以及人際關係上，都會有好的調適和創意。相對的，自己的情緒生活亦得喜樂自在。

多年來的實務經驗與研究，我發現自我中心意識很強的人，容易執著於原有的思考基模，缺乏柔軟的彈性思考去同化新的情境。他對人事物的新情境，明顯地發展出阻抗學習（resistance to learning）。他的大腦難以同化新知和情境的變化，以致無法進入大腦的資訊處理。從而他的思考、抉擇和行動，無法中肯回應現實生活。這種思考僵化的現象，必須經過心理諮商，淨化其執著情結，釋放他心中的壓抑，打開其情結，恢復其柔軟心，才能開展新的適應力，化解他在工作和待人接物上的僵局。

人際關係中的柔軟心

人活著必然要跟別人相處，彼此合作，相互支持。只有這樣我們才活得好，活得下去，活得歡喜。諾曼·安德森（Norman Anderson）把人際支持的功能歸納為四類：

- 情感支持：互相關懷的溫馨和情緒的安穩。
- 工具性的支持：彼此相互幫助照顧，提供工具支援。
- 金錢支持：協助經濟上的需求。

●評價支持：協助評估或解釋情勢或問題。

許多研究發現，人際支持較好的人，身心比較健康，死亡率較低，感冒的感染率明顯減少。婚姻生活中，人際支持較好者，不只健康好，壽命也活得較長。

人際關係好，人際網絡較大，帶來健康、長壽和幸福，同時也帶來知性和見聞的擴充。它是人生很重要的生活向度。然而，人際關係的培養，其關鍵何在？我多年來的實務研究觀察發現：早年的生活經驗，尤其是家庭生活的人際網絡，影響一個人殊大。

人際關係的核心動力是愛與同理。人生活在愛的氣氛中，互相支持和了解，彼此給予適當的協助，從中帶來溫暖和喜樂，這使一個人漸漸建立了信心，進而能了解別人，也能站在別人的立場看事情，這就產生同理心。**同理心能讓我們不再那麼我執僵化，開啟了柔軟心，去了解、關懷和尊重別人，並做出適當的回應。**就這樣產生了愛和人際支持，並開展了善緣，生活和工作自然順遂起來。

人際關係的死敵是自我中心和敵意。自我中心，隔閡人際的交流，產生更多誤解。緊接著把誤解當真，敵意和對立於焉生矣！無論是婚姻生活，工作職場的人際互動，乃至鄰居的相處。人際互動的死結都是從這裡滋生。

柔軟心讓我們產生同理和愛，它帶給我們美好和幸福，帶給我們健康和長壽。

職場中的柔軟心

在職場上，人際智慧較好的人，無論在待人做事，都能用柔軟心去作創意思考。他們善於靜下心來，去思考立場、角色和期許的不同。他們懂得透過人際支持，拉近彼此的距離，在交談中求同存異，而達到雙贏的目標。

在職場上，與同事相處，有時彼此合作，有時不免競爭互別苗頭。但只要你保持柔軟心，你就不會陷入僵局。改用尊重的態度，去活用心中的柔軟。星雲大師曾說：「你第一我第二，你對我錯。」他的意思不是是非不分，而是保持柔軟心，才能平靜下來，把事情做好。

柔軟心是發揮智慧，不要被「我執」的不服氣所捆綁，因而把共同的事業和目標給摧毀。許多事業，都在氣不過和我執中，失去柔軟的創意，造成了失敗的悲劇。

職場免不了挫折和不順，有柔軟心才有耐心和靈感解決問題。我念高一時就做起小批發的生意，因急著想把水果銷售出去，好能在上午八點時進校門，才不會被學校罰站。於是，在買賣時若有顧客在那兒嫌東嫌西，要買又不買，我會急起來，一臉不情願的怒氣。有一天，一位同樣賣水果的長輩，很客氣的對我說，「年輕人！顧客若有嫌東嫌西才會買，你要柔軟的引導他買你的貨。你試試看就知道箇中妙趣！」我遵照他的方法，學會招呼顧客，銷售越來越順利。

我在往後的職場中，盡心保持這個柔軟妙方。在心理晤談上，我也引導許多人，從中找到職場的光明和感動。柔軟不是屈服，更不是隨波逐流，而是一種隨波逐浪的智慧和毅力。

結語

柔軟的心有大用，它事關個人的健康、幸福、事業成敗和壽命長短。它是個人智慧的根，更是待人處世的本。柔軟的心值得重視、涵養和修持。不過，我也要提醒大家，成功的經驗和歲月，有時會產生過度的自信，失去彈性思考的柔軟心，從而踏上僵化和執著。

所謂「成功的經驗，往往埋下失敗的種子」是值得注意的。總之，柔軟的心能孕育智慧和人和，開啟健康和幸福。這正是《金剛經》所說：「應無所為而生其心。」這顆心就是活潑有智慧的柔軟心。

6 破除災難的迷思

人生是一個不斷接受挑戰的過程，災難是諸多挑戰中的一種。無論是天災或是人禍，是失落的或傷痛的，有心理準備和懂得回應之道的人，總能化解它，甚至轉兇險為吉祥。

面對災難是生命的家常事，我們不能期待它不會找上門來。不可鴕鳥心態，避諱談它，心裡毫無準備，以致臨場不知所措，甚至敗下陣來，造成嚴重的損失。因此，無論是大自然的災難或意外事故，我們都得認識它，學習防治之道。然而一般人最大的迷思就是忌諱談它，以為那是不吉利的話題。

多年來我參與不少災難後的心理重建，做了許多觀察和訪談，從九二一大地震到汶川大地震，乃至生活和工作中受災難創傷的個案，我累積了不少心得，但最重要的發現是：對災難有心理準備，知道預做防災的人，受創較輕，也較能從創傷中走出來。此外，勇於面對心創，願意尋求協助的人，也較能從傷痛中復原。於是，忌諱做防災準備和不肯尋求創傷協助，是因應災難的最大迷思。

瞬間的一念

無論是地震、海嘯、洪水或土石流等天災，乃至意外事故之類，當事人在災難瞬間的一念，決定其安危和逃生的成敗。在這關鍵的剎那，有些人逃生或挽救的行動明快，故能安全脫身。有些人猶豫不決，或者一時不知所措，逃生或挽救危難的機會即刻消逝。訪問災難的倖存者，「罹難的夥伴為何來不及逃出？」這當然有許多現場的因素，但普遍都會提到，「很可惜！他在驚恐中變得僵直、退縮或呆滯，以致淪入災難的魔掌。」

從訪談中也發現，平時對防災救難有心理準備的人，他們較能保持鎮定，能在瞬間做出正確的判斷和行動，於是逃生或避免災難擴大的機率大大的提高。他們在千鈞一髮之際，近乎直覺地做了正確的行動，而且清醒地努力把握眼前的一線生機。九二一大地震中，一位倖免於難的年輕人說：「驚恐中我發現屋子往前倒，立刻轉往後門逃生，撿回了一命。往前門逃的人，就在門口被倒塌下來的牆壁壓死。」

我年輕時在深山工作，豪雨一來，最怕的就是山崩和土石流，整座山坡滑動如稀泥，簡直逃生無門。但年長者總會持續觀察周遭的變化，更要大家留心有沒有「地聲」，那是一種低沉微弱、從地底傳來的聲音。他們遇有警訊，就會帶領大家逃離現場。

防災是生存必備的知識和任務。只要你曾經學習過它，有心理準備，瞬間較能做出正確反應，身家財產就得到較多的保障。一般人容易有的迷思是：災難不會發生在我身邊，或者祈求神賜平安，而忘了該學習防災應變的技巧。

抗災的心理態度

災後重建過程中，那些受到重創的人，無論是屋毀人亡或傷殘或流離失所的人，見者無不悲愁。他們之中有些受災者能堅毅地支持下去，漸漸調適復原，甚至還能幫助別人，承擔公共事務。有些人則一蹶不振，生命力耗盡，有活不下去的念頭。從觀察研究中發現，它的關鍵就在於：個人對抗災難的態度不同。抗災強度的線索是：

樂觀的人比悲觀的人，較能承受創傷壓力，復原較快，重建過程中能凸顯正向的思考特質。

社會支持好和人際網絡大的人，比孤獨的人較能對抗創傷。他們有較多友誼、感情、工具、經濟等方面的支持，又有良好的舒壓管道可以傾訴。他們調適和重建比較順利。

有正信宗教信仰的人，透過教義同化其創傷，而產生積極的態度。其虔誠的信仰，也給了他信心和受呵護之感，從而擺脫負面情緒的壓力。

有一套安身立命的價值觀，作為其內控性格的基礎者，比一味向外追求名聞利養的外控性格者，較能適應災難的打擊，並表現出較好的復原力量。

抗災救災當然需要政府和社會共同投入積極的作為，這是眾所皆知的事。但千萬不要侷限在這個想法上，忘了提昇自己抗災的強度和責任感。這個迷思很容易增加悲痛、沮喪和絕望，而擴大創傷的嚴重性。

創傷症候的惡化

災難帶來心理創傷，會持續激發交感神經系統，造成高度的驚恐、懼怕和焦慮，沒有得到適當的紓解和調理，就會引發災後創傷壓力症候群。這些現象是：

災難當時的恐怖場景，一再浮現在腦海之中，從而干擾其情緒，引發強烈的焦慮、失眠、缺乏食慾和持續性不安。

覺得無法自我掌控，不知所措，引發防衛系統的崩解，繼而產生心智功能失調的現象。

產生解離反應，器官失去協調功能，知覺和判斷偏差，並伴隨著情緒低落、沮喪、無助和悲傷等情緒。

這些現象，如果疏忽它，沒有得到應有的紓解和救治，不久就會變本加厲，有了更嚴重的症狀：

- 過度的警覺：覺得自己一直陷於危機，從而變得更焦慮，做惡夢，引起身體僵直或行動障礙。
- 記憶的侵擾：悲傷和恐懼蓋過現實的思考和記憶運作系統，造成記憶折損、幻想和脫離現實等現象。
- 身心僵化：產生精神呆滯、絕望、不思飲食等現象。

許多人以為災難的重創，必然會產生許多憂愁，日子久了自然復原，而不懂得求助精神醫療或心理諮商，因此造成惡化。因此對創傷症候的疏忽或諱疾忌醫，是個人抗災工作中的另一迷思。

迷信的惡果

災難甫過，不免人心惶惶和情緒紛亂，產生非理性的反應。這時謠傳結合迷信，會驚擾災區民眾，帶來更多焦慮和不安，對於鬼神的臆測、三世因緣或風水的盲從，往往使心創嚴重的人更加紛亂，甚至變得失常。我贊同透過正信的宗教，依其教義的啟發，將創傷轉念成為正向的態度或有意義的人生使命，從而產生復原的動力。但不贊同迷信的信仰，藉機恫嚇受災的人，使其更為怯懦和無助。

我們要透過理智去面對現實，找出解決問題的答案和行動，心智才會健全，調適能力才不斷提昇。因此重建和心理復原的著力點應是：

建立安全感：結合夥伴互相支持、傾訴和鼓勵，分享創傷的經驗，進而進行哀悼，讓恐慌情緒得以紓解。

面對現實：了解該做應做的事，試圖振作起來，這會產生信心和熱情，發揮正向的生命力。

促進個人的自我統整：從一步一腳印中領受成功的信心，重建健康的自我感。

許多受災的人，丟開這些人格健康的課題，遊走於鬼神和迷信的虛妄事物，會造成脫離現實。這除了助長災後症候群的嚴重性，更會使自我功能萎縮，陷入精神生活的困境，更是不可不破的迷思。

結語

多年來我參與過數次大災難的心理重建，也協助不少受到一般災難創傷的個案，我深知上述的迷思必須破除，才能面對現實，重建生命的光輝與尊嚴。災難固然會帶來生命財產的損失，卻也砥礪我們更堅韌、更有智慧地活下去。我們心智越清醒，就越能克服災難，活得更幸福、更健康、更有尊嚴。

災難不限於天災、人禍和意外，還包括事業、感情和婚姻的重創。懂得居安思危，知道如何化除重創，就能再站起來開創美好人生。我曾把研究心得寫成《安度難關》一書（遠流出版），對於破除災難迷思這個主題有興趣的讀者，可以進一步查閱。

7 緩解心創有方

經過一場劇烈的災難，或意外事故的重創。受災的人，除了面對生命財產的損失，更因為恐怖的現場經驗，留下極端恐懼、焦慮、無助或沮喪的情緒。一時會對自己的生活，失去掌控感，從而承受巨大的心理創傷。

遭受遽變的人，神經系統緊繃，特別是交感神經會格外亢奮。從而造成失眠、浮躁和生活上的不適或病痛，甚而會有痛不思食的現象。恐怖災害的心創容易帶來：

- 心理浮躁不安，難以成眠或作惡夢，受到焦慮的折磨，容易憤怒失控，引發身體不適如疼痛等現象。
- 恐怖場景揮之不去，不安的情緒，深烙在腦海中，注意力和記憶力都受到干擾。
- 畏縮封閉，放棄做必要的努力，不與人往來，甚至有著酗酒之類的自我麻醉行為。

災禍之後如果有了上述任何一種現象，就要及早調適或就醫，避免讓它惡化下去。諸多心理研究指出，讓自己從災難重創中復原的方法包括：

一、人際支持

人際支持網絡，是受災難者的保護網。個體需要家人、朋友、社群的支持，才能重新建立依附關係，得到安全、壓力的紓解和愛的支持。

人際支持的重建，需要的是愛。必須當事人鼓起勇氣先付出愛，去關心你的家人、鄰居和一起受災的人。與其被動地等著別人來關愛自己，不如主動去關心別人或受創的同伴。這能維持自我功能的正常運作，保持身心的健康。

心理學家林達·尼爾森（Linda Nilson）研究過上百起天災的資料，

發現受災者之間，彼此關心和互動的利他行為模式，是維護身心復元的關鍵。她說：

「在災難肆虐地區，人們喚起團結的使命感，在艱難生存壓力下，互愛互助重建了社區，恢復了安定的心和生活能力。我們發現，生存不僅仰賴自己，更仰賴互助互愛。」

在災難中重建的社區，同時也是「心靈復健社區」。透過人際支持，彼此互愛互助，從而使災難倖存者，有了幸福感。也避免了災後創傷壓力症候群的發生。

災區和重建，一定要結合這個天生的力量，在「你幫助我，我幫助你」之中，同舟共濟、互相支持，就能創造新的生活。

二、培養精神力

在災難肆虐的地區，有些人在災後變得沮喪。他什麼事都不想做，主動性完全喪失。這些人往往會陷入困境，而成為心理創傷症候的受害者。另一批人，他們保持著自助和助人的行動力，他們能維持良好的自我效能，在復原重建之後，很快又創造了新的人生和事業。

因此，災區在復原重建期間，也許忍辛耐苦地住在組合屋裡。在這臨時安置環境中，建議多做下列事情：

- 對公共事物的關心。
- 社區建設的參與和行動。
- 參與產業發展，創造共同的願景。
- 參加或承辦文康活動。
- 其他救援互助事務。

人願意參與社區公共事物，精神活力就會漸漸提昇，心理健康也就有了保障。他的思考、創意和行動力，就能維持高的品質。

此外，老弱或受創的人，一定要保持運動的習慣。尤其是閒置在家的受災者，待在家裡久了，會變得沮喪。從此一蹶不振，那就糟了。於是，當事人需要適當的運動，它的好處是：

- 提振精神和清醒思考。
- 放鬆和減緩焦慮。
- 增進身體應付壓力的機能。
- 增進情緒安定和愉快。
- 維持好的睡眠。
- 增強記憶和腦力。

許多研究指出：運動是一項高報償的精神投資。它之所以有諸多好處，是因為運動能增進身心的效能，對抗種種壓力和挑戰。它是提高精神活力的很好方法。

三、傾訴與哀悼

災難重創後的一段日子，恐怖的經歷或親人傷亡的悲傷，會漸漸地變形，出現扭曲現象。如果個體能分享正確的資訊，對創傷後壓力有所了解，就不容易陷入嚴重的困擾或後遺症。

因此，創傷之後，若能及時分享正確的資訊，對心靈復健有重大的幫助。挪威心理學家朱迪斯・賀蒙（Judith Herman）指出：在一次海灘救災中，得到證明：海上鑽油塔傾覆海中，心理學家團隊馬上為他們做簡要輔導，並說明創傷後壓力症候群的症狀，且建議他們：

- 倖存者要與他人分享其受災經驗，釋放心中的恐懼與創傷。
- 避免使用酒精控制心理困擾或症狀。

經過追蹤，他們明顯有較好的復原。受災者了解到：他們的痛苦，是眼前必然的現象，壓力因而減輕。再加上與人分享傾吐，被壓抑扭曲的情緒得到釋放，從而有較好的康復效果。

當事人有了痛苦的經驗，要把它說出來，告訴別人和他分享。這對情緒的紓解和心靈的復健有很大的幫助。透過傾訴，人容易從痛苦中解放出來，超脫出來。

受災的人在傾訴中，同時有了回顧和釐清思緒的機會。這能引發理性的認知，從而產生現實感，逐漸有意願面對眼前的現實生活。

如果個體沒有機會傾訴和分享苦難的經驗，可以透過寫日記或書信，把經驗、感覺和看法寫出來。這與傾訴有相同的效果。

此外，受難者要有機會，實際到受災的地方去做哀悼。有了一次或數次傾訴哀悼，認清自己還活著，並領悟到要珍惜現在，努力為新的人生而努力。

現場的哀悼，有助於紓解創傷壓力，緩解身心煎熬的痛苦。哀悼能幫助受創者，恢復主動性，面對現實、創造新生。

受過災難創傷的人，往往無法接受自己的遭遇。心靈生活上，難以同化它，痛苦也就無法消退。於是，信仰是幫助他解脫苦難的有效方法。

透過宗教信仰，能幫助當事人對自己的創痛有所領悟。從中找到意義，從而發展出接納現實的態度。此外，透過宗教的禮拜、追悼、超渡等儀式或法會，亦有助於悲痛情緒的宣洩，引導受苦的人，看出新的價值和希望。

醫學教授克伊尼格（Harold Koenig）在擔任精神科住院醫師時，開始以科學家的態度，對宗教作研究。他說：

「當我詢問病人，是什麼幫助他們面對重病或創傷時，大多數的人都提到宗教。那時我發現宗教是一個人覺得舒坦的根源。有許多人藉由宗教信仰，來幫助自己面對疾病，並從中找到意義。」

克伊尼格發現信仰的治療力量。他在健康與宗教之間，搭建了全新的研究和貢獻。諸多這方面的研究證實，宗教參與率高的人，死亡率低，罹病率低。他們的心情好，免疫力較強，人際互動較佳。他們較能克服困境，找到新的希望。

由於宗教信仰，能提供一套保持心靈平衡的生活模式，讓我們理解這個有意義的世界。進而透過這個認知基模，去同化發生在自己身上的困難或災難，領會出它的意義，從而產生新的調適。

虔誠的宗教信仰，使人在面對強大創傷和壓力時，於情緒和健康上，有著積極的作用。茲歸納「宗教調適」的研究結果如次：

- 面對困境時較少憂鬱症狀。
- 對器官移植者有較好的適應力。
- 宗教調適能使血壓紓緩。
- 宗教調適是面對壓力的緩衝器。

透過宗教信仰，使許多人領悟了生命的意義。他們對災難容易產生新的領悟，從而保持心靈的健康與平衡。

結語

天災或重創，給許多人帶來悲痛和苦難。這誠然是不幸的事，但逝者已矣，來者可追。就倖存者而言，一定要想得對，做得正確，才能活得好。

個體能活得更好，正是承受災難的報償。自己能活得更好，才足以告慰已逝的親人。能活得更好，也是回饋救助者最好的禮物。

8 揮別執念打開心窗

多年來的心理晤談和研究，深知一個人，如果執著於過去的經驗，念念被過往的人、事、物所纏縛。無論它是好事或壞事，是詆毀或讚譽，總是放不下，看不開，繼而透過得失、貴賤、安危的顧慮，去銜接現實的生活。就會帶來一種固著的思考，引起情緒的紛繁不安。更嚴重的是：這些執念，會抑制人的主動性，障礙潛能和創意的開展。繼而把自己弄得擾攘不安，悶悶不樂。嚴重的話，還會帶來情緒失調，生活和工作不順。

於是，認識執念，透過自我的覺醒，淨化它，將它「轉識成智」，化為成長與創意的資糧，才是開展快樂人生的正確心路。

一、執念的現象

我經常接觸到被逆境所困的人。無論在家庭、婚姻、事業各方面，他總是看不出希望。他執念於自己無能，運命不好，從而喪志不振。尤其是宿命的執念，使他陷於無助和哀傷，對未來沒有什麼期待，對現實找不到成就感。這些人很容易固著在悲傷和無助的執念。這種心念和情緒，往往是憂鬱症的溫床。最後，會無助地待在那裡，等著絕望的潮水把他捲走。

其次是被懼怕所綑綁的執念。他害怕失敗，擔心受害，凡事有著惶惶不安的執念，以致不敢去嘗試新的挑戰，或者在生活和工作上焦慮不安。他們懼怕的念頭真多：有人懼怕被細菌感染，而不斷洗手或做出過度防衛的行為。有人怕證件或金融卡遺失，而不停地檢視皮包；有人怕小偷侵入而不斷重複檢查家門。這類的執念是焦慮情緒的根源，也是焦慮症候群的溫床。

執念可真多，有人執念於要拚給別人看，為了名聞利養，拚到底，爭到底，愛現到底。這讓自己活得很緊張，壓力大。如果他又要表現出自己是一位有修養的仕紳，那麼內外夾攻，造成身心受創或壓抑的機會就大大增加了。

當然，也有人執念在享受上。他們愛吃喝玩樂，卻疏於開展自己的長處和正向的生活意義。他們墮落到為非作歹，為了取悅自己而吸毒，或者放棄主動性，不肯努力負起責任，甘願當媽寶或爸寶，而陷入了頹廢的人生。

執念大部分來自早年的生活經驗，一個未曾負起責任，缺乏成功經驗的人，容易有推卸責任，或不肯承擔的執念。一個被霸凌或家暴中長大的人，容易有退縮或侵犯別人的執念。從而造成困擾，或者生活上的衝突。

執念也會發生在成功的經驗上。人若執念於一次成功的經驗，反而失去面對新局的創意。所以要保持警覺，不要讓執念在成功的同時，埋下失敗的開始。

二、執念的心理

執念是記憶和自我中心，聯手搞出來的心念。我們透過記憶，在大腦裡累積成經驗，作為面對新環境，解決新問題的參考資料。因此，當我們在思考解決問題時，必須把過去的經驗，同化（assimilation）到大腦的思考運作過程裡，然後產生新的創意，用它來調適解決新的問題。這個思考、決策和行動的歷程，如果夾雜著許多負面的情緒，諸如懼怕、憤怒、敵意、焦慮不安等資訊，思考、決策和行動就會被扭曲，從而產生執念。誠如佛洛伊德（Sigmund Freud）所說：「懼怕是通往世界的門」（fear is door of the world）。如果這個門能夠敞開，就能跨了出去，看清真實的世界。反之，若被負面心結所堵塞，就會產生執念。它會降低我們的自我功能，也容易引發情緒的不安和困擾。

從神經心理學的角度來看，一件事關安危、成敗、榮辱的重大事件，如果心驚怕事，或者無能為力，就只好把它「暫存」在那兒。不過，由於它事關重大，它必須不斷提醒你。那就會形成一個揮之不去的執念，令你放不下，看不開。你必須面對真實，知所抉擇或行動，否則執念會一直纏繞著你，令你紛繁不已。

就思考的模式來看，馬汀・塞利格曼（Martin Seligman）等心理學家指出：那些習慣於悲觀思考模式的人，他們對自己的未來沒有什麼期待，發展不出自己的本色，無法日新又新地過豐富的生活，以致心思上停留在過往的人、事、物的執念。重複想著不如意的事，後悔沮喪，或者憤恨在心。此外，悲觀思考的人，往往以負面的觀點，來解釋所發生的事。他們執念著，「那件事讓我丟盡了臉，令我無地自容。」或者執念著，「主管在大家面前，指出我在工作上的缺失。令我抬不起頭，自認受到屈辱，幾天後遞出辭呈不幹了。」他失業之後，又執念著「他害我陷入困境！」

此外，欠缺面對真實的態度，往往使人無法負起責任，創造其生活的風采。這個人只在回顧過去，卻又擔心未來，以致不能專注把手邊的工作做好。他執念著過去曾有的榮譽，陶醉其中，卻無視於當下要努力以赴的事。也有人沉悶在悲傷的往事，憎恨曾在小學時，遭到同學霸淩。有些人，甚至把自己的失敗，歸咎於父母親的教育方式不當。這些執念，使一個人自艾自憐，陷入更多的苦悶。

三、揮別執念

執念是很折磨人的。由於執著情染，使得情緒不安和紛繁。這帶來生活品質的低落，影響身心的健康，阻礙生涯的發展。如果你想甩掉它，讓自己開心有創意，日子過得豐足有成就感，那就要從以下幾個要領來努力。

第一，**培養長處和美德**。誠如心理學家馬汀．塞利格曼所說：「人生必須是經過自己努力，去得來的成就，才會覺得香甜。因此發展自己的長處與美德，才是真正快樂的感覺。」一個人願意就自己的現實，逐步開展其長處，同時願意做善事，實現其美德，便會產生成就感和豐足感。這一來，執念自然消失，因為他已經踏上正向的心志。不但有信心和期待去面對生活，更重要的是有了健康的自尊，令他安定自在。這樣的人容易發揮智慧和創意，去面對無常的挑戰，針對現實做出正確的回應。這時，你自然揮別執念，有了快樂的人生。

第二，**保持自我覺醒**（self aware）。舒茲（William Schutz）指出：「透過自我覺醒，便能擺脫成見、藉口和逃避的心態，在現實生活中，做有價值的事。這使一個人努力實現其潛能，滿足其人性的需要。」覺醒能令一個人在現實生活中看出意義，讓他活得起勁，踏上自我實現之路。從而揮別執念的困境，過有創意和喜樂的生活。

第三，**學習樂觀的思考模式**。樂觀的人不但對未來有所期待，而且相信自己的「自我效能」，能面對生活和工作的挑戰。他們在遇到挫折時，懂得區隔思考。清楚地知道自己錯在哪裡，願意去補強，改弦更張。他不會以偏蓋全，或把它解釋為全盤皆輸，或者認為自己無能。於是，一種新的希望和信心重新燃起，再度振作起來。諾曼．安德森（Norman

Anderson）研究發現：樂觀的人能集中心力於手邊的工作，凸顯事情的光明面，並接受事情的原貌，努力以赴。這樣的態度和思考模式，當然不會陷入執念，走向悲觀煩惱的死胡同。

第四，**培養豐足的精神能量**。透過靜坐、行善、運動、信仰和正常的作息，讓心理動能豐沛起來。這不但能緩解焦慮和緊張，提昇直覺力和創意，又能帶來專注和提昇記憶。尤其是宗教的信仰，能幫助一個人從創作的執念中，重新找到正向的態度，振作起來。杜克大學醫學教授克伊尼格對宗教的影響力，做了深入的研究指出：宗教提供了生活的意義和目的，當逆境發生時，有信仰的人，他們的心靈生活，不容易被摧毀。信仰者的基本價值，能幫助他復原，揮別痛苦的執念，重新振作起來。

結語

執念是自我功能不足，信心下降，乃至心理被負面思考所困，從而產生焦慮和不安的反應。如果遇到這種情形，任由自己隨波逐流，那就會陷入許多令你煩惱的執念。

如果了解產生執念的心理因素，應用上述正向的心理技巧，去生活和工作，去克服所遭遇的困難，你就能揮別執念，開展新創意，活出快樂的人生。

9 認清工作壓力

工作像生命的血液，它滋養壯大健康的人生；壓力使生活有味，它帶來更多豐收和喜樂。工作似倔強的諍友，安忍些許吧！他總是對你有情有義。壓力如橫越大漠的坐騎，謹慎調駕吧！它帶領你找到一個個綠洲，實現燦爛人生之旅。

壓力使人振作，開展創意及潛能，獲得成就感和喜悅。人在工作上，給自己添一點壓力，就會提高效能。換句話說，多負一點責任和增加一些期許，就會增加一分績效和成果。這就是工作壓力的意義，也是讓自己振作有勁的良方。不過，當壓力增加到一定程度，效率便開始遞減，持續下去就會痛苦、無助，影響健康或生病，甚至精神崩潰。

工作的壓力和價值感，能活化精神力，使人生有味。它帶來人生目標，感受到自豪，身體健朗快樂。相對的若卸下工作擔子，壓力不再，看起來可以自由自在，不久就會消沉墮落。

人在承受工作重擔時，不免要抱怨它的壓力，而很少欣賞它所帶來的振作、報償和豐富的意義。有些人把注意力放在工作壓力的消極面，而產生無奈和沮喪，工作效能因而減低。甚至在潛意識裡，有著逃避的傾向，而使情緒低落，嚴重的話會引發憂鬱。

有些人對於工作過度緊張不安，長久下去會引發焦慮情緒。如果不加以調適，則易損害健康，造成生活品質的低落。當然工作的成就也會大打折扣。憂鬱和焦慮都會增加精神上痛苦，是普遍困擾現代人的兩種負面情緒。

人離不開工作，因為它是生存的一部分，是活下去的憑藉。如果以積極的態度面對它，就顯得堅毅耐勞，容易體驗到工作所帶來尊嚴和自我價值。反之，用消極的態度去看它，就會被無奈和頹廢所困。

現代人的工作壓力，遠超過以前任何時代。應付工作壓力是一種必要的知識。我把這方面的知識，結合實務工作經驗，做扼要的敘述，相信對於忙碌的現代人，會有所助益。

一、壓力與健康

沉重的壓力是現代人的共業。激烈的競爭，追求成就和成長率，迫使職場上大多數人，埋頭苦幹，加碼工作。加上一般人的生活抱負水準提昇，生活需求引發的壓力也大，於是承受的心理總壓力增加。

我們整理一些大型研究的結果發現，人們在碰到巨大壓力時，高壓力群的人死亡率，是低壓力群的三倍。追蹤研究心臟病患者三年，發現高壓力群的死亡率是低壓力群的二倍。高壓力群的人，呼吸道感染的機會也會增加。另一項研究發現，工作壓力大的人比壓力少的人，增加二至四倍罹患冠狀心臟病的機率。（請參考《你想活多久》，遠流出版公司。）

誠如美國心理學會執行長諾曼・安德森教授所說，壓力本身是健康與長壽的決定性因子，依據他的解釋，事情無法達成自己想要的目標，就會形成壓力源。在工作壓力方面，心理學家認為工作忙亂，費神費力，達成目標的控制能力低，都會使工作壓力提昇。

人面臨嚴重的創傷事件，例如喪親、失去心愛的人或嚴重的挫敗，會產生巨大的壓力。有些人抗壓性較好，處理的態度較正面，有著積極的思考方向，經過一段適應，即可以克服壓力。但對於容易沮喪，又是悲觀思考模式的人，就會形成毀滅性的壓力，而造成疾病和死亡。在應付喪親和喪偶方面，男性由於感情調適能力較弱，其所受到的創傷壓力，要比女性大些。因此其引發疾病和死亡的機率也較高。

此外，個人的社經地位與壓力，亦有所關聯。依我的觀察，社經地位低的人，在生活和工作上所承受的壓力，要比社經地位高的人多。因為他們的家庭所得低，職業位階、聲望和教育程度低，其壓力源多。因此英美等國研究的結果，顯示社經地位低者死亡率及疾病感染率均較高。

壓力與健康息息相關，每個人都應該多了解它，知道怎麼做調適，才能建立健康的人生。

二、壓力知多少

從心理學的角度看，壓力是個人的總負載與自我功能的比值。當自我功能大於總負載時，壓力就小。反之，負載大於自我功能時，壓力就大。換句話說，壓力的值等於負載除以自我功能。分母越大分子越小，商數就越小。這表示壓力很小，反之則壓力越大。

個人所承受的壓力越大，所產生的負面情緒、困擾和痛苦就越多。它會傷害身心健康，降低工作效能，導致憂鬱或焦慮，甚至有撐不下去的感受。當然合理的壓力，能讓自己覺得振作，工作勝任愉快，有成就感，並有了經濟生活的依賴。

人活著為了養活自己，撫育家人，提昇自己的社經地位，以及滿足種種心理需求，就必須承擔工作，負起種種必要的責任，這些稱作正常負載。比如說你接受一個新工作，就得為它盡責，做了父母就得負責教養，結了婚就得用心經營婚姻等等，都屬於正常負載。

總負載的另一部分是垃圾負載。它來自負面情緒，包括焦慮、不安、憂愁、敵意、妒恨等等。這不像正常負載那樣，可以帶來生產、創造、滿足感和價值感。它會帶來煩惱和痛苦的煎熬，從而削減自己的心力和智慧。垃圾負載更會令你失去開闊豁達，剝奪創意、意志和堅毅，留下更多沉重的負擔。

從實務工作中觀察，痛苦或心理失常的人，都有超量的垃圾負載。他們壓力的來源，大部分是負面情緒和思想，而非工作本身。這些人在痛苦煎迫下，把工作辭掉，壓力仍然未減。因為他們的消極行為，又帶來更多煩惱。例如辭職之後社經地位下降，收入減少，甚至有嚴重的挫敗感和自卑心。於是製造了更多的垃圾負載，而使壓力益大。

一般人較少被工作負擔壓垮，大多是被負面情緒和困擾擊潰。在職場上，有些人處處與人計較，忿忿不平，認為別人歧視他，而怨恨抱屈，卻又不肯建立人際互動，爭取公平對待，維護自己應有權益。這些人更容易在工作壓力突然增加時，雪上加霜，撐不下去。

負面情緒除了增加人的垃圾負載，成為沉重的負擔，而增加壓力之外，還會抑制人的思考、創意和解決問題的能力，而使自我功能下降，造成壓力驟然飆升。如前所述，壓力是總負載除以自我功能，當自我功能下降時，壓力自然快速增加。人一旦陷入這個惡性循環，就會活得很悲慘。

每個人都有工作和生活的負擔，其所形成的壓力，無人能倖免。於是要對壓力有所了解，才能克服工作上的種種挑戰。在職場上，我們沒有辦法選擇遭遇，但我們卻可以選擇正確的態度和方法，去迎接挑戰，使壓力不至於太大，而造成困擾。同時透過有效的方法，創造成功，提昇信心和自我價值感。

三、抗壓主軸

個人承受壓力的大小，決定於他的自我功能。它是個人承擔工作重擔和應付生活挑戰的能力。俗話說，「有多大肩膀才挑多重的擔子」。超乎自己能力的工作或責任，會把自己擊垮。自我功能包括：解決問題的能力、健康的情緒習慣和毅力。這三方面的素養夠，承擔工作和抗壓力都會好起來。他們在職場上，面對困難和危機的能力強，適應挑戰和新局的心力也高。

面對工作和生活，首要是解決問題的能力，現代社會變遷快速，無論是經濟生活、生產方式、消費行為、理財方式等變化快速，整個社會不斷解構和重組，問題層出不窮。你不可能以原有的知識和技術，不變應萬變，而能把工作做好。於是，成敗的壓力取決於解決問題的能力。能解決工作上的難題謂之能幹，它帶來勝任愉快，體驗到自我實現的滿足，即使辛苦些，仍然覺得充實滿意。

於是每個人都應學習新知。在讀書中汲取，在研討會和小組討論中互相啟發，在工作中不斷領會創新。這能使自己的壓力減少。現代人強調終身學習，是為了提昇解決問題的能力，它帶來工作上的滿足，也同時減少所產生的壓力。

在工作和生活中，明察新的事務和變化，對它警覺和興趣，就會在學識和經驗上有所增長，跟上時代的腳步。這些學習傾向的人，思考空間較大，解決問題的基模多元，凡事比較不會打結，心情也比較開朗，且有較高的創意。相對的，那些故步自封，懶得學習的人，則有較多的挫折和自卑，容易產生冷漠的防衛機制。他們的工作士氣，也會漸漸低落下來。

今天這個時代，停止學習等於停止心跳，很快就會四肢發冷僵硬，無法在職場上勝任愉快，而帶來許多困擾和壓力。生涯的每個層面也都一樣，你必須學習教育子女的方法，才能有效教育現代環境中長大的子女。有經營婚姻的新知，才能締造幸福的現代家庭。有新的理財認識，才能保持財富的價值。有新的醫學知識，才能保護你的健康。於是你不得不持續學習新知。

解決問題的能力，表現在任何生活和工作場景。例如人際關係的互動，合作協調的技巧，待人處世的態度等等。這些能力，雖非工作能力的本身，但卻影響工作的進行殊大。有許多人的工作壓力，是來自這方面能力的不足。

四、抗壓的情緒

好的情緒習慣，是自我功能的一部分。工作和生活之中，遇到的所有事情，都會產生情緒。我們最常出現的就是喜怒哀樂之類。愉快喜悅的正面情緒，是成功和滿足所產生的；憤怒哀愁的負面情緒，是挫敗失望引起的。情緒有延展性，春風得意時往往凡事順遂。因為好的情緒給你帶來動力和振作，容易有事事順利的結果。反之，愁眉不展的負面情緒越多，就造成精神不濟，鬥志和創意思考都受到壓抑，而變得禍不單行。

因此，只要你願意換個心境，用積極的態度去面對眼前的困難，情緒跟著就會好起來，想法和行動也變得陽光。有信仰的人，往往會在逆境時，透過禱告而培養正面情緒。不過透過神籤來啟示，若湊巧抽個「諸事不宜」的神諭，你會因此變得退縮，失去理性思考和行動力。於是，從心理學的角度看，最好的方法是保持樂觀思考模式，培養寬大博愛和保持公義的胸襟。這些價值觀，能讓我們的情緒穩定。

負面的情緒，會增加工作和生活的壓力。它會把危機放大，把希望縮小，造成沉重負擔。第一種負面情緒是焦慮，它的背後隱藏著懼怕的心態，人越怕別人批評，就越不知所措而不安；越怕失敗或達不到目標，就越變得緊張焦慮；越是擔心表現不好，就越慌張失措。甚至有人越怕睡不著，就越焦慮得無法入眠。**克服懼怕的方法是學習解決問題的能力**，累積**成功的經驗以增加信心**。當你因懼怕裹足不前時，最重要的關鍵是形成定見和孕育信心。在職場上有了懼怕，只要採取行動或有了定見，自然會使焦慮情緒下降。

另一種負面情緒是憂鬱，它的背後隱藏著悲觀的思考模式。他們碰到部分挫敗或缺陷，就會擴大成嚴重的挫敗感，甚至連活下去的意義和價值都會流失。他們容易沮喪、無助和無奈。在工作上有點小瑕疵，會像洪水氾濫一樣，認為是整個人生的挫敗。悲觀憂鬱的人，要學習區隔思考，清楚地認出，錯誤或過失只是總體工作或生活的一部分，只要願意去補救，並無損於大局。

人生不可能十全十美，悲觀憂鬱的人在追求完美，所以沮喪悲傷。樂觀的人，追求卓越，發揮優點，勇於改正，所以保持振作快樂。

第三種負面情緒是敵意，它會發動憤怒的情緒，而產生暴力和衝突，失去理性思考和行動。大部分的暴力犯罪，都由敵意所引發。一般人也很容易在種種衝突時，引發敵意，造成肢體和語言暴力。怨恨和敵意，往往是人際互動的障礙，更是工作失控衝突的因子。

控制心中的怒氣，及時叫停，給自己短暫時間冷靜，是懸崖勒馬的有效方法。憤怒的情緒，如果在現場任其發洩，往往會造成嚴重後果。不過怨氣難消，你可以在事後，找個知己朋友一吐怨氣，則對身心有益。不過，最根本的方法還是培養博愛的人生態度。

美國最近做了研究調查，發現敵意越高的地區，國民健保的成本也越高，它對於健康的傷害是很大的。

總之，負面情緒會嚴重干擾工作品質和健康。生活在忙碌紛繁的現代社會裡，要想保持工作績效和身心健康，必須注意提防負面情緒所帶來的惡果。最澈底的方法就是要培養正面情緒，培養樂觀的思考模式和發展愛心。

五、抗壓的韌度

堅毅是自我功能的第三個因素。堅毅度高的人比較耐操耐磨，持續力佳，信心也較高。在工作上能堅持努力，能克服困難，獲得成就的人，都具有這個心理特質。心理學研究發現，在同樣的壓力之下，經過八年追蹤兩百位貝爾電話公司的中級以上主管，結果發現堅毅度高的人，工作效能好，也較少生病。**堅毅的特質是：對於工作、家庭和重要價值的堅持，凡事有把握和掌控感，以及樂於接受挑戰**。

堅毅是抗壓和表現工作效能的重要因素。除此之外，社會支持、運動和健康的身體，都是抗壓和成功的重要素質。不過從許多研究中歸納得知：如果缺乏堅毅，就不能有效抗壓。他們能妥善處理工作上的挑戰，化除種種困難和衝突，並能團結同儕的力量解決問題。

堅毅是可以培養的，只要你堅持於所做的事，感受工作就在掌控之中，以及將工作的困難，視為一種新的挑戰，並對之抱著信心和希望，堅毅的特質就會浮現出來。

堅毅的人不但較能克服工作壓力，有較高解決問題的效能，更重要的是它維持了穩定的情緒，從而帶來健康和高昂的鬥志。

六、壓力的調適

當你遇到較大壓力時，務必懂得調適之道，適當的調適能讓你安然度過難關。首先，當你工作壓力增加時，要避免在生活上同時做重大改變，例如搬家、購屋或大整修房舍。更要避免在家務事上，節外生枝，帶來更多負擔。此外，面臨較大工作或生活壓力時，需要家人的支持、鼓勵和忠告。當然，你平常必須與家人建立推心置腹的關係，每一個在工作上有卓越成就的人，都有家人的支持和協助。

其次是在工作壓力驟增時，須注意依輕重緩急，把工作分成幾個部分，或依時間規劃進度，逐一完成，這能減輕壓力，同時讓自己有時間休息。有效的時間管理，能讓你保持鎮定，逐一克服沉重的工作。

有時你在工作上，會遇到非自己所能控制的壓力，例如天候、意外或上司的指責，你要把它設想「最糟也不過如此」，然後可以不再擔憂，而能集中全力把工作做到最好。有時，你也需要信仰，透過信念和祈禱，孕育毅力去克服困難。所以你要有好的信仰，或更高的價值信念。有了遠超乎自己的精神力量當靠山，碰到壓力時就不會驚慌失措。

此外，保持運動的習慣，是調適工作壓力的重要方法。運動能讓你忘憂，因為它促進腦內啡的分泌，而使人愉快和減少疼痛。更重要的是運動減緩交感神經過度興奮，而讓你鎮定，夜裡好安眠。

結語

適當的工作壓力，能激發自己的潛能，促進精神振作和創意，使人生變得有味。人因為克服工作壓力，帶來成就和幸福，而在人生的道路上，展現亮麗燦爛的光輝。

工作壓力如視為一種勉強和痛苦，就會形成更多的情緒負擔，而變得難以招架；反之，你若能了解它，善用它，便能使自己振作，發揮創意，並使人生豐富而有意義。

10 樂觀便是富有

生活在功利掛帥的文化裡，每個人從小就薰染追求名聞利養的習氣。對財富的佔有和囤積慾強，希望自己能比別人擁有的更多，一廂情願相信：這樣才有價值。生活在這種情境裡，很容易產生強迫性觀念：對財富和面子的饑渴。於是，人變成財富的奴隸，只顧賺錢和發達，疏忽了精神生活的調養，從而帶來許多困擾，幸福感於焉消失。

追逐和賺錢是為了創造幸福的生活；生活是目的，工作和財富是手段。如今許多人卻顛倒過來，把賺錢當目的，把生活當手段。於是，幸福和快樂被犧牲了，心靈生活空虛而困窘。大家在追逐財富的激流中度日，窮得沒時間自在的生活，沒有心情友愛，甚至沒有意願結婚生子，享受天倫之樂。

現代人鬧窮，源自對生命意義的扭曲，價值觀念的偏差，以及生活態度的失調。因此，要想提昇心靈生活，離苦得樂，活出幸福來，須從以下幾點做起：

一、揮別匱乏感

生活所需一旦不能滿足，就有窮困的感受。不過，人很容易給自己訂定過高的抱負水準，強迫自己去追逐。如果達不到欲求的水準，就會有匱乏之感。長期的匱乏感，會招致焦慮、無助和沮喪的心情。或者起了歹念，用不正當的手段，作奸犯科來獲致私欲的滿足。

佛教把心理發展的成熟度，從最高的佛和菩薩，到最低層的地獄眾，分成十個位階，稱為十法界。其中倒數第二個位階就是「餓鬼道」，所指的就是在心識上處於匱乏感的眾生。處在餓鬼道的眾生，各個都是饑餓得皮包骨，肚子卻脹得像鼓一般大，嘴巴吐火，咽喉像針那麼細。送給他食物吃，拿到手裡就化為灰燼，有時拿到手時還是美食，但一放入口中就化為泥沙。

這是宗教的象徵式說法，但卻有著豐富的心理學意義。它所描述的是：餓鬼永遠得不到飽足，雖然囤積了許多財物，把肚子脹得又圓又大，身體仍然骨瘦如柴，因為他困窘沮喪，甚至瞋怒嫉恨，把自己弄得憔悴不堪。餓鬼的心情焦躁，火氣很大，容易生瞋，所以嘴巴吐火。看到財物食物，狼吞虎嚥，急得直接塞入肚子，跳過咀嚼吞嚥，以致咽喉退化得像針那麼細。他所看到的美物，只把它看成物，因而享受不到美食之樂，所以像灰燼、泥沙一樣，食而不知其味。

匱乏感對生活的影響是很深切的。現代人陷入類似心理困境的人，真是不少。每天忙著追逐囤積，卻活在食不知其味，視而不能欣賞其美，聽而不覺知其悅樂。因此，**大家要涵養知足，讓自己能在生活中，領受豐足和喜悅**。

二、甦醒知足的機制

人為了生存，必須採取行動，獲取所需，否則就會陷於饑渴，損及身心的健康和生命。不過，在人的需求獲得滿足時，神經系統會感知其飽足，才不致繼續攝取，脹壞了肚子，或者仍然窮追不捨的奪取，把自己給累壞。這套知足的感測機制，便是個體維持生命，和告訴自己可以休息、娛樂和休閒，乃至體驗幸福感的憑藉。

這套感測機制，如果過度使用而疲乏，或因為麻醉而失準，以致無法正常運作時，滿足需要的訊息，就無法正確的傳遞。這就有可能在饑餓時，仍然無心覓食，渴的時候不知飲水。反之，已經獲得飽足，該停止飲食時，卻仍如饑似渴的進食。這就是所謂厭食症和暴食症的根源。

人由於匱乏感，長期強迫追逐所需，致使感測機制疲乏，失去覺知滿足的能力，在種種生活需求上，造成強迫性追逐，無法休息或停止，甚至不能安心地睡眠，形成焦慮症候群的疾病。另一方面如果自覺無法滿足期望和需要，則會產生無助、沮喪、悲傷或絕望，它就形成了憂鬱症。這兩種疾病可以解釋為現代人「窮」的衍生物。

現代人追求的東西太多，透過流行互相比較，重視面子和排場，又生活在強調效率、成長和競爭的文化裡，所承受的壓力當然很大。如果不學習簡樸的態度，保持簡單的生活，就很難讓知足的感測機制恢復正常，從而失去幸福和快樂。

三、保持樂觀和覺醒

生活在競爭和追逐的社會裡，壓力令人透不過氣來。心中的不安和憂慮揮之不去，焦慮和憂鬱的情緒，緊緊地貼附在心頭。於是貧的人叫窮，富有的人也叫苦。因為心靈上總是空虛，得不到安心和滿足。

在職場上，有許多人一天工作超過十小時；有些人下班回家，還要國際連線，開視訊會議討論業務。他們休息不足，休閒和娛樂成為奢侈品。

有些人沒有穩定的工作，他們焦躁不安，有如熱鍋螞蟻。當然那些失業的人，壓力也就更大了。壓力是每個人要面對的，不過壓力是否把人打垮，那就看個人對壓力的解釋。

一般而言，壓力發生的過程為：首先是覺知有了難題或挑戰，第二是自己對它的看法和解釋，第三是隨之而來的生理反應。如果思考模式是樂觀，就能保持正向思考，積極面對現實，克服困難。若是悲觀的思考模式，會產生更多負面或消極的解釋，構成更大的壓力。過大的壓力使生理受到傷害，從而弄得身心俱疲。因此，生活在忙碌多變的社會裡，要學習樂觀思考，才能應付裕如。

此外，保持心情安定，是忙中保持清醒的關鍵。學習禪定、靜坐或冥思，能降低緊張和焦慮，維持心智的清醒覺察，讓生活和工作的創意得以發揮。這是心靈富裕自在的妙方。近年來華勒斯（Keith Wallace）、班森（Herbert Benson）以及勒西（Terry Lesh）等人的研究，證實這些效能。此外，更有研究指出：**禪坐和靜坐能促進經驗的開放、同理心的成長以及**

自我實現的開展。

四、活出意義就幸福

人是否生活得幸福充實，感受到自在歡喜，與是否活出意義有關。禪家所謂「參透為何，才能迎接任何」，真是至理名言。人只有參透自己活下去的意義和理由，才能在波濤洶湧的人生中，忍受考驗，發揮創意，成為生活的贏家。

每個人都有自己的人生，有獨自要去完成的意義。不過歸納哲學、宗教和心理學的研究，總不離開慈悲（博愛）和智慧兩個核心價值。佛家稱為悲智雙運，儒家說仁智雙修，基督說博愛與知識，心理學家則稱為愛智的實現。人生的因緣際遇不同，但都得透過愛與智來實現，才能超越自我中心的褊狹，脫離我執的框架，仰望或參贊宇宙合一性，而得到大自在和喜樂。

於是，人要領會「人生如旅」，明白旅行不是一味購物或流連忘返，或者為些枝節的事抱怨動怒，而是用智慧和友愛，去創造、豐富喜樂的旅途。人當然也要領會「人生如戲」，認真去演出自己的角色，實現愛與智的意義，當曲終人散時，放下戲袍和道具，安祥地回到合一性的老家。

結語

人要活得幸福自在，就得參透生命的意義，用愛與智去實現自己的美麗人生。無論路途是坎坷或平坦，都是實現人生的道場。一般說來，崎嶇艱困的路，更能享受個中的美麗和豐富。美好的人生是從超越匱乏，學習簡樸知足，保持樂觀清醒和參透生命價值中展現出來的。

11 尋找快樂的根源

生活得快樂，日子就過得充實，身心自然健康。快樂的人生活態度正向，活潑有創意，能感到自我效能。不快樂的人常被負面的想法所困，變得抑鬱頹廢，情緒低落。

快樂可說是生活的重要課題，人生的幸福取決於是否快樂。因此，哲學家無不重視快樂的探討，提出培養快樂的種種論述，指引大家培養快樂生活。宗教家則依據信仰的經典，剴切指引信眾找到喜樂或法喜。心理學家更是透過種種研究，提出評量快樂的工具，發展諸多矯治憂鬱和活出快樂的理論和技巧。

每個人都希望快樂，大夥兒都在談快樂，尋找快樂，但真正活得快樂的人並不那麼多。所以，我們把快樂視若珍寶，希望自己真能快樂起來；對別人的祝福，也常把「祝你快樂」掛在嘴上。不過快樂的祝福只是一種期望或關懷，祈求神恩的降臨，也僅僅增加一點尋求快樂的信心和靈感而已。如果不去努力實現，快樂還是不會光臨。

當然，也有人想到及時尋歡作樂。不過一時的歡樂並不等於快樂，歡樂只是一時受到刺激的神經知覺快感，當活動結束後，反而變得空虛，甚至養成不斷尋歡作樂的惡習。那些酗酒、吸毒或沉迷在色情中的人，正是尋歡作樂的結果。那麼快樂是什麼呢？怎麼找到它呢？

一、快樂的心理歷程

快樂是什麼？綜合心理學家的研究，一個人若能抱持正向的態度生活，想得對，做得好，就會感受到好的自我效能，開啟了樂觀的思考模式，從而領受到快樂。所謂正向的態度，依馬丁・塞利格曼的看法：正向就是長處和美德。長處指的是自己的能力和專業，這些可以歸納為自我功能。美德又是什麼呢？經過歸納幾千年來不同文化所推崇的共同價值是：

智慧與知識、勇氣、人道與愛、正義、修養、心靈的超越（信仰）。從諸多研究中發現，**美德的實踐讓人產生意義、社群意識的愛、快樂和寧靜。我相信有了長處和美德，一定能想得對，做得好，從中得到快樂。**

從認知心理學的觀點來看，艾容・貝克（Aaron Beck）指出：情緒並不決定思想，而是思想控制了情緒。他說「匡正錯誤的信念和想法，能消除或抑制不適當的情感反應。」歸納他們的理論，可得到以下要點：

- 情緒全是想法或認識造出來的，此刻你的想法是積極正向的，心情會是快樂的；想法是消極負面的，心情就變得鬱卒悲傷。
- 當一個人的心境，掉入遍布的消極心態裡，想法就會被扭曲，做出來的事或行動也會有問題，緊接著心情就像你想像的那麼糟。
- 針對悲觀的想法，以積極客觀的思想取代之，不但能破除原來的悲抑，進而產生積極的作為，使自己快樂起來。

快樂的人生，不但需要樂觀的思考模式，更需要培養自己的長處和美德，這不但能令你在生活和工作上，稱心滿意，帶來快樂。在德行上也能找出豐富的意義，而有益於靈性的陶冶和醒覺，得到宗教家所說的喜樂或法喜的快樂境界。

二、快樂的四個向度

一個人快樂與否，跟他所表現適應環境的模式（人格），有密切的關連。人所表現的想法、心情和行為，是內在結構的外在反應。於是快樂顯然與以下幾個屬性有關。

第一，**人的心靈越自由就越快樂**。心靈的自由度是指肯為自己的人生負起責任，做想做的承擔，學習所需要的知識和能力；而不是怠惰、逃避、找藉口、尋歡作樂等。肯負責任的人，願意歷練、學習新的能力和長處。他適應環境的自由度也跟著提高，成就感也大。所以他們是快樂的。

時下有許多人，抱著浪漫主義的自由，告訴自己「只要我喜歡有什麼不可以」，久之他們荒廢了學習和歷練，最後落得變成尼特族（NEET），龜縮在家裡，無法外出工作。就是一般所謂的啃老族，這樣當然不會快樂。

第二，**了解自己、接納自己和實現自己就能得到快樂**。人註定要用自己手上有的資糧，走出成功、有意義、有價值的人生。每個人都不一樣，因緣不同，興趣能力各異，機會和成長環境也不一樣。人只能用手上有的資糧，慢慢去成長延伸，從而得到成功，看到自己人生的價值，得到快樂。那些自暴自棄，不肯接納自己、實現自己的人，則不能積小勝為大勝，他們往往抑鬱不快樂。

第三，**健康的社會關係帶來了快樂**。每個人都需要社會網絡和人際支持，從而得到愛、關心和照顧，產生感情的支持、工具性的支持、經濟上的支持、評價上的支持等互動。這些健康的社會整合，使人得到安定和溫馨，從而帶來許多快樂。至於那些社會孤立的人，沒有可以支持和依賴的朋友，將會是寂寞、不安和不快樂。

第四，**在信仰上找到人生意義，帶來靈性覺醒的快樂**。特別是宗教的靜坐、禱告、念佛等修持，能帶來寧靜、慈悲心和社群意識。宗教的靈修能提昇自我意識，提昇神經機能，改善生理和情緒的健康。此外，宗教對生命的終極調適，有良好的助益。這些都是快樂的一部分。

人是否活得快樂，跟他的健全人格息息相關。上述四個要點，正是發展健全人格的自由性、個體性、社會性和意義性的根本素材。

三、快樂是抉擇來的

正確的抉擇帶來快樂，錯誤的抉擇則帶來悲傷痛苦，所以心理學家會說苦樂自擇，不可不慎。以下的抉擇能帶來快樂：

第一，快樂的人能分辨小挫折和大困難，從而做出正確的抉擇。在我們生活中，總免不了挫折和障礙，如果是小小的不方便，切忌使用如臨大敵的心情去處理。這種回應過當，拿大砲打小鳥的方法，往往造成許多困擾，而失去快樂。俗話所謂殺雞焉用牛刀，正是這個道理；夫妻間的相處，親子間的互動，同事之間的往來，都要避免把小小的不舒服當大難題來處理。小題大作，大發雷霆，會造成許多難題。不快樂的人總是被小事情折騰得沒時間精力去創造快樂和有價值的人生。

第二，快樂的人選擇自我延伸，所以人際溝通好，人際支持多，社會整合完整。他們不像自我中心的人，完全從自己的角度去看事情，而是同理別人，甚至能對社會、文化和大自然產生同理，從而發展出喜樂和創意。自我延伸的人胸襟大，看事情總是了了分明，他們分寸拿捏精準，從而能圓滿解決問題，所以總是快樂。

第三，快樂的人不選擇自憐，而選擇自我肯定。他相信「我好，你也好」，不墜入自憐的委屈和悽苦之情。他們持平莊嚴地看待自己和別人，並以明理的方式與人溝通，所以他們總是保持快樂。

結語

快樂不是尋歡作樂，而是喜歡過正向有意義的生活，熱愛有建設性的工作。快樂的人在發揮自己能力中感到快樂，在接納自己和愛護、尊敬別人中感到快樂。

他們性情穩定，遇到挫折時不會驚慌失措，而能安度難關。他們肯上進，不斷提昇自己的自我效能。他們也能自得其樂，因為生活中的事，在他們的眼裡，都能隨緣以正向的態度迎接它。

12 坐禪能涵養情緒

禪對現代人的情緒管理、身心健康和心靈生活上，具有豐富的價值。本質上禪是一種心的效能訓練。它給我們清醒、覺察、喜悅的生活和工作態度。

現代人生活在忙碌、競爭和追求成長的現實環境中。由於社會變遷快速，生活與工作適應不易，大部分的人在心理上，免不了焦慮不安。有些人因為過度的工作，造成身心疲憊。有些人因為適應力薄弱，帶來嚴重挫折和沮喪，衍生憂鬱和無助。

許多心理學家指出，現代人精神生活的最大問題是情緒失調。世界衛生組織（ＷＨＯ）呼籲各國要重視情緒健康，預防憂鬱症的擴大。情緒健康的人ＥＱ高，適應力好，人際活動和工作效能卓越，生活品質也較好。反之，情緒不健康的人，則表現出焦慮、憂鬱和敵意。他們不但社會適應差，在生涯和職場上，往往也力不從心，或無法施展，充滿委屈。人的情緒一旦有了困擾，就會影響身心健康，干擾思考和行動，甚至阻礙創意與學習。目前情緒上有困擾，日子過得不快樂的人，顯然越來越多。

一、現代人需要禪

從禪的觀點來看，有情的生命必然要面對無常的挑戰。時代在進步、潮流在更替，經濟文化社會都在變化，這就是無常。人必須適應這個無常的社會才行。此外，個人的想法、態度、健康和體力，都會隨著歲月或環境變遷而改變，都需要新的調適。因此人不能執著在過去的知識、技術、觀念、想法和心境裡，而是要保持清醒，面對現實，用清醒的心智去了解現實、解決問題才行。

保持清醒就是禪，禪定就是不被過去的舊習和錯誤觀念所牽絆，不被成見、偏見和迷信所繫縛，從而發展出清醒的心智。人若能運用清醒和覺察的心智，在生活、工作和心靈生活上保持創意，就是方便禪思，就會有良好的適應力，故云「當修習方便禪思，內寂其心，如實觀察。」佛學中所指陳的方便禪思，對現代人的精神生活而言，是一帖彌足珍貴的良藥。它的重點就在坐禪，它包括調身、調心和調息的冥思訓練，以及運用在生活、學習和工作，所表現出來的心智和創意。由於坐禪的修持，我們能提昇身心的效能，更能適應忙碌、緊張和變遷快速的生活。

二、坐禪對身心的影響

坐禪或靜坐，都是達成冥思（mediation）的方法。許多研究證明，這種心靈體操，能排除執著、放縱、貪婪和心結，而使心智變得清醒覺察。它有助於身心健康，提昇學習效果，克服依賴性，和發展創意。

一九七〇年史丹佛大學（Stanford University）開設了創智科學（Science of Creative Intelligence, SCI）課程，對冥思和超覺靜坐做了研

究。發現它能使心理得到精細的體驗，觸及到思想的深層，達到思想最精細狀態，出現一種無思的醒覺和純淨的智能。它對於創意具有正向作用。

坐禪對身心健康及情緒調適，有良好的幫助。哈佛大學醫學院（Harvard Medical School），於一九七二年發表研究結果，發現坐禪對身心健康有所助益。其主要之點是：

- 它能使人體耗氧減少，呼吸放慢，心跳和血壓都會緩和下來。在二十到三十分鐘之間，下降百分之十六，相對於睡眠六小時，只能下降百分之八。
- 血乳酸（lactic acid）下降，這是焦慮舒緩的指標。它在靜坐三十分鐘後即明顯下降，其效果比睡眠六小時好四倍。
- 皮膚電阻增加，這是鬆弛的指標。顯然，坐禪有助於緊張情緒的紓解。
- α 腦波明顯平穩的增加，它是鎮定的指標。報告指出它是一種良好的深度鬆弛方法。

坐禪對於情緒和身心健康有益，對於焦慮緩解亦有助益。許多醫學的研究，證實坐禪對焦慮症病人的紓解，亦具積極的效果。

三、坐禪與青少年輔導

坐禪對青少年的情緒調和與學習效果的提昇，亦有正向的作用。在學校教育方面，紐約艾徹斯特學區的中學（Eastchester Public schools）透過創智科學，教導學生靜坐，結果發現：

- 學生的成績提高。
- 學生的人際和諧增加。
- 師生及親子之間的和諧度提高，衝突減少。
- 濫用藥物的情形減少。

台灣花蓮的四維高中、台北市的東山高中多年來教導學生靜坐，發現上課前給學生三到五分鐘的靜坐，有益於學生的專注和學習。這兩所學校的老師，都受過坐禪的訓練，並設有一個大的禪堂，供教師修持或教學之用。

此外，靜坐對於戒除藥物亦有助益。貝思和華勒斯（Herbert Benson & R. Keith Wallace）研究一千八百九十二名偏差行為青少年，其中百分之七十九吸食大麻，經過六個月靜坐，降低到百分之三十七；到二十一個月時減低到百分之十二。至於那些未戒除的青少年，其吸食數量亦明顯降低。靜坐可以使個人減少依賴毒品，並能幫助提昇自我控制的能力。

四、坐禪對心靈的啟迪

坐禪或靜坐對於心靈的啟迪，亦具良好的效果。它有益於心理健康和創意的開展。勒西研究指出它有助於三項心理功能的提昇。

- 增進開明的經驗（open to experience），它使我們敞開心智，覺察並獲得較多的靈感。
- 提高同理心（empathy），這有助於人際和諧及對人的同理和了解。
- 自我實現（self-actualization）的提昇，使心理多喜樂，並促進潛能的開展。

這項研究是以心理諮商研究所學生為對象，每天坐禪（Zen Meditation or Zazen）練習四個星期，並與對照組（只聽音樂不坐禪）比較，證實坐禪具有上述三種效能。

由於心理學者與管理學者的推動，坐禪在台灣企業界，已是一項普遍的心智訓練。一九九〇年代以來，企業界已發展出企業禪的課程，尤其是主管和研發人員，受這方面訓練者更多。顯然禪已經成為創智科學的重要內涵。

結語

心理學對禪學的檢驗和解釋，除了上述坐禪或靜坐之外，禪的實踐能提昇精神生活的品質，例如直覺（direct perception）、從容的覺察（restful alert）、清淨心智（pure intelligence）以及內在自我（innermost self）的體驗等等，心理學亦做了許多闡述和肯定。禪不僅能給現代人提供心的效能訓練，培養好的情緒，同時對人生的啟發、生命終究意義的追尋，提供了寶貴的線索。

禪的效用不只限於人類情緒生活和心智效能的提昇，具有正向的意義和價值，其對於生命的意義，乃至更高層次精神生活的開展，亦具有啟發性。

13 幸福的心路歷程

幸福雖有其外在的生活條件，但大部分來自內在心理的認知和感受，及其衍生的情緒狀況。多年來我從輔導和晤談中發現，名聞利養具足的人，未必就生活得幸福。辛勤工作的販夫走卒，並非就與幸福無緣。

幸福與否是個人對其生活現實的解釋和想法，所產生的感受和體驗。誠如心理學家貝克所說：「你怎麼想就怎麼做，怎麼做就怎麼感受。」想法決定了作為和心情，也決定了自己對幸福的感受。茲就如下幾個向度，分析解釋幸福的心理歷程。

一、幸福的心理

首先人的想法如果是正向的，就會產生樂觀的思考模式，引發積極的行動和情緒。他的適應環境能力和信心隨之提昇。他對眼前的情境，產生較多的自在感和幸福感。相反的，如果思想被遍布的負面思考所支配，就會感到眼前一切黯淡無光，心情變成沮喪和不幸福。每個人都注定生活在自己的現實之中，現實就是自己的遭遇。人無法選擇遭遇，但卻可以選擇想法和態度。幸福與不幸福的主要分野就在這裡。

第二，幸運並不等同於幸福。幸運只是一時走運，它包括手氣好中大獎，得到父母或祖先的遺產和庇蔭，頓時發了橫財等等。這些有如人生的豪雨洪水，如果自我功能不夠健全，反而沖毀生活的常軌，而帶來焦慮不安和不幸的後果。許多研究指出，那些幸運中樂透頭彩和發橫財的人，在幾年之內就又回到窮困，甚至失魂落魄。幸運若沒有健全的自我功能做後盾是靠不住的。我要奉勸正要求神賜給他幸福的人，必須掌握這個重點，培養自己的能力和修養，否則幸運真的來了，還會有招架不住的危險。

第三，幸福常被解釋為快樂，這也有澄清的必要。誠然不錯，幸福的人都會快樂，但追求快樂的人不一定幸福。快樂有兩個向度：其一是尋找感官的快樂或刺激，心理學家稱它叫愉悅（pleasure），以此為樂的人，會玩物喪志。諸如轟趴、吸毒、貪婪於色情、好吃懶做、嗜賭如命以及貪玩享受等等，終究變得窮困或坐困愁城。其二，是真實快樂的人，他們負起責任，創造有意義的人生，並提昇自己的身心功能。他們能愛人、能助人，並從中得到意義、價值和歡喜。真正快樂幸福的人是後者，他們孕育了信心、友愛、助人的快樂。

第四，發現生活的意義。當一個人覺得生活得有意義、有希望和豐足感時，無論眼前的處境如何，都會保持興趣、信心和快樂，並產生生命力，活得充實，活得有希望。這與個人的信念和宗教信仰有關。人一旦從中發現他的生命意義，就能參透為何而活。他就能忍受種種困難和苦難，從中看出希望，過快樂幸福的生活。

我看過許多幸福的人，他們都能在這幾個向度上，有著深度的體驗和實現。反之，不幸福的人，是在這四個心理特質上有欠缺。

二、幸福的藝術

我把幸福看成藝術，是因為它是一個創造人生之美的巧思和行動。每個人的人生際遇不同，造化各異。每個人都注定要用自己的現實，去完成幸福的藝術傑作。

幸福是個人智慧和心智功能的表現，它需要藝術家的巧手和審美眼光，從中看到美和滿足，從而解脫匱乏和強迫性心情。一位企業家朋友謝先生，他信仰虔誠，事業有成，樂於助人。他告訴我如何從拾荒老人那兒學到知足和幸福的故事。他說：「知足令我產生藝術的眼光，讓我在現實生活中，看出生活的美好。」他接著說：

「多年前我在台北迪化街經商，一切都很順遂，但總覺得自己生活在匱乏和不知足之中。有一天，一位拾荒老人，出現在我眼前，啟發我幸福的藝術。多年來這位老人，沿街拾荒，日出而作日入而息，晚上就睡在對街的騎樓下。他以拾荒的三輪車為床，不掛蚊帳，只用一條薄被裹身，彎曲著身子甜甜入睡。四季一如的刻板生活，倒也有其安詳自在的神情。有時我看他可憐，刻意把一些可回收的雜物留給他。有時還送給他一瓶礦泉水，或者接濟個小點心。於是彼此成了朋友，可以寒暄說笑，算是有了交情。有一年的寒冬，我怕他睡在騎樓下受寒，便找機會跟他閒聊，以同理心對他說：『老先生！天氣這麼冷，何不去租個房間。如果財務上不方便，我可以貼補你，你覺得如何？』老先生笑著回答說：『你以為我窮到租不起房子嗎？我不是租不起，而是安於工作，樂在身體挺得住，我以此為樂呀！我好得很，比你們每天追逐金錢的人，要快樂許多。』」謝先生問老人為什麼，他說：

「我有一點點小存款，卻很滿足。放它在身邊，是為了不時之需，如果我死了用不著，可以捐作社會公益用。我樂在當下的生活，因為我知足，所以有欣賞生活的心情，了無牽掛。你看我弱勢可憐，但我每個月都捐助別人；你看我沒棲身之所，但卻能欣賞各種生活之美；你看我一貧如洗，但我心中一點也沒有匱乏。謝謝你的好意關心，我活得幸福得很。」

老人停頓了一下接著說：

「你們表面上看來是富裕的，但因為窮追不捨而產生匱乏感。你們擁有事業和豪宅，卻沒有興致好好生活，所以變得不開心。我跟你們不一樣，我只要一點點生活的資糧，就能樂在其中，有心欣賞身邊的事與物，如果你能學我在當下發現幸福，就變成最富裕的幸福人。」

謝先生從這位老人身上，學會幸福的藝術。開始用欣賞和知足的態度過生活，用珍惜的心情去咀嚼生活的美好。他說：「就幸福而言，名利並非那麼的重要。幸福的關鍵是你願意用藝術的眼光，看出生活的陽光，發現生活的美好。我開始生活在『春有百花秋有月，夏有涼風冬有雪』的心境裡。自然愉快的工作和生活，並用知足的心去做些助人的事。」

每個人都應該成為自己生活的藝術家，看出「日日是好日，夜夜是春

宵」的美妙。這就是知足和藝術眼光所帶來的幸福。

三、幸福的智慧

近年來神經科學的研究突飛猛進，諸多研究中發現幸福的微妙契機。神經科學家奧斯汀（James Austin）指出：神經網絡大抵可分成知覺、資訊處理（思考、抉擇和行動）、直覺和情緒等幾個系統，構成相互連結的網絡，藉以調理身心的運作，維持正常功能與健康。如果處理情緒的邊緣系統（limbic system）處於活化的狀態，產生焦慮不安的情緒，就會干擾前額葉皮質做正確的思考、抉擇和行動，當然也會干擾直覺的正確性，壓抑知覺的清醒度。顯然情緒的健康和安定，對個人的幸福，有著關鍵性的影響。因此，他說禪學所謂定慧等持和修行，就是透過修定，讓情緒平穩下來，好發展生命的智慧，開展寬博的宇宙心（universal mind），產生慈悲、安祥和法喜，從而參悟生命的意義，產生大自在和幸福。

神經心理學家，就禪定、靜坐、靜觀等靈修方式做了許多研究。他們的結論是：這些靈修可提昇大腦的神經機能，改善生理與情緒的健康，產生寧靜、社群意義和慈悲心。此外，勒西對坐禪的研究，亦發現其能促進經驗的開放、同理心和自我實現這三個心能的發展，正是幸福生活的根本要素。

幸福顯然與個人內在的平衡有關。所謂理性與感性的平衡，思考和行動的平衡，理想與現實的平衡等等，足以影響個人人格的自由性、個體性、社會性和意義性的發展。幸福可以說是內在的安寧，所孕育出來的精緻智慧。

四、幸福的美好

大家都希望得到幸福，所以都在追逐它，渴望擁有它。尤其是現代人，更是一窩蜂地向外追逐。追逐反而使自己的心變得饑渴、匱乏、惶恐和不安。其實，幸福生活並不難，只要放下追逐和佔有，讓自己的心自然安適下來。這時你很快會把向外追逐改換成自我實現。用踏實態度去生活和工作，就會在觸目遇緣中，體驗到許多快樂和興趣，幸福就在當下了。

俄國大文豪托爾斯泰筆下的〈追求幸福的伊里亞斯〉一文中，談到伊里亞斯一生追求財富幸福，從窮困到富可敵國，王公貴人都要和他交往，風光一時，但卻過得不快樂。每天為了經營、送往迎來，擔心待客不周而起煩惱。直到天災人禍讓他們變得一無所有，夫妻倆淪為一家農莊的長工。他們才發現恩愛、心靈的平靜，盡責的工作和簡樸的生活，以及思考自己的靈性與禱告，才享有真正的快樂和幸福。

他們對來訪的客人說：「五十年來，我們一直在尋求幸福，但直到現在，我們才真正找到。我們說出這件事，是為了你們好，不是為了安慰自己。」當時感動了一位睿智的學者，他說：「這是一段充滿智慧的話，這是幸福的真理。」

結語

在禪學中有一首詩透析追求幸福的心路歷程：「終日尋春不見春，芒鞋踏破嶺頭雲，歸來偶過梅花下，春在枝頭已十分。」幸福要用追逐來獲得是很難的，但只要保持清淨敏悟的心，許多生活的美好、溫馨的幸福，自然出現。

生命的本質是艱辛的，你願意付出努力，就能得到生活的基本資糧，所以說受苦的人有福了。但你在付出努力和得到生活資糧的同時，需有寧靜的慧眼和悟性，看出幸福就在你活著的每一個角落，否則你就白白辛苦、白過活了。

14 踏上美好的人生

每個人的天賦和環境不同，根性因緣互異；但都可以應用自己手上的資糧，創造出獨有的成就，實現美好的人生。人永遠不可能把自己變成別人。無論你多麼希望變成別人的樣子，努力去模仿和期待。最後，不免陷入畫虎不成反類犬的尷尬，甚至造成沮喪和失望。

所以，每個人都註定要用手中的資糧，去創造獨一無二的美好人生。要多多歷練，走到哪裡就學到哪裡。只要你所學習的知識和經驗是正確的，積少成多就是能力。只要在待人接物上多加用心，時日一到就是一番本事。

每個人都應腳踏實地，一步一步的往前走。從中累積經驗，在大腦裡同化整合，形成創意和思考。它能打開慧眼，形成新的視野。它能聚焦成為你的專長，展開獨特的生涯。

這需要一種內在的心能，那就是意志力。透過克服困難，踏在現實的人生路上，走向成功的人生。意志力是促使自己接受挑戰，努力精進的力量。然而，有許多人，卻缺這個心力，碰到困難就躊躇不前，不能堅持到底，從而造成挫折和沮喪，陷入困頓的人生漩渦。

所以，諮商心理學家們，都很重視意志力的啟發和誘導。教育心理學家更重視意志力的培養和砥礪。因為它是人類心能中最重要的力量。透過意志力，我們才能整合自己的能力和經驗，開啟美好的人生。

意志力是可以透過自我激勵和自律而產生的。它不是天生就有的稟賦，但可以透過培養和自我磨練而成就。你如果想要擁有好的意志力，就得在現實生活和工作中做到這些要領：

- 把心力用在積極進取的目標。
- 懂得下定決心，依計畫行動和堅持。
- 透過成功和經驗，帶來信心和自我鼓勵。

● 實事求是保持耐性，作持續的努力。

透過意志力，你能在現實生活和工作中，累積成功的經驗。這些經驗在你的大腦裡，不斷擴充思考的基模（schemas），帶來更好的創意和視野。

我們若能把握手中的資糧，透過意志力去努力，便能踏上美好的人生。以下是三個重要的途徑：

一、面對現實

每個人都注定在自己的現實中，培養長處，提昇其自我功能。只要你肯幹，肯去承擔和歷練。眼前有許多的機緣在等著你。許多人犯了個錯誤，以為找工作，是在找一個自己喜歡，符合自己興趣的工作。事實上，找工作有如登山，你想攻頂成功，得到如意的工作或目標，一定要迂迴而上，越過一個個山頭，走下一個個山谷，然後達到攻頂的心願。

每一個人的現實不一樣，根性因緣互異，我們無需羨慕或嫉妒別人的成就。而是心甘情願地投入自己的現實，好好努力一番；以正向的態度，接受挑戰。古人說：「不經一番寒徹骨，焉得梅花撲鼻香。」所以，面對現實，找出正當可行的路，好好努力。這不但能累積寶貴的人生經驗，更能開展多方面的能力。

二、培養自己的長處

在這個變遷快速的社會裡生活，你必須有你的長處。你所擅長的能力，正是生涯的動力。在我的心理晤談經驗中發現：許多頹廢和憂鬱的人，事實上是他缺乏長處，以致覺得無助和悲傷。缺乏信心或者缺乏感受到自我效能的人，他雖然有能力，但還是覺得自己不行。所以長處與信心，兩者有緊密的關連性。要把這兩個整合在一起，就得自己肯去磨練，那才是真正的長處。

許多研究指出：孩子幫忙做家事，參與助人的工作，乃至工讀或參與老師的研究工作，對於開展個人的長處和自我功能，有很大的幫助。它幫助一個人拼湊出能幹和自信。

三、正向的態度

面對自己的人生，如果採取悲觀的態度，眼前的視野都是荒蕪的一片。他看不出希望，感受不到現實生活中的光明面。反之，若從正向態度去看，他會發現在挫敗或不如意的事件之外，還有許多自己的長處。挫敗不會打垮他，他有信心再去努力，在努力中增添了許多信心和工作實力。

諾曼·安德森研究指出，正向思考的人，同時也是樂觀的，他們較能集中心力於手邊的工作，凸顯事情的光明面，較能接受事情的原貌，一個人能如是面對自己的生涯，當然能累積更多系統思考和執行能力。人生自然越走越光明。

結語

美好的人生，不是一帆風順得來的，而是踏在現實環境中，努力開展出來的。開展的動能是意志力，透過我們不斷培養自己的長處，並以正向樂觀的態度去生活和工作，就能走出自己的美好人生。

15 謀事要行得通

人越是了解自己的現實，保持正向的思考，有著堅毅的工作態度，就越能勝任自己的人生。

四十餘年來，我從事諮商輔導的實務與研究，發現人的心理症候群，絕大部分來自自我的扭曲。當一個人一直想要實現他的目標，卻缺乏達到目標所必需的身心素質時，他就有著挫折、沮喪和無助之感。另一方面，如果一個人想要改變自己不能改變的素質。他也會造成無奈、沮喪和不健康的自尊。人若長期受到上述心境的折磨，終致帶來心理症狀。

每個人的根性因緣不同；智能、體質、性向和人格特質都不一樣。所要開展的人生路，彼此都不一樣，就人生的態度而言，要欣然接納自己的根性因緣，用正向思考和樂觀的態度，從中走出自己的人生路。這誠如哈禮斯（Thomas Harris）所說，「我好，你也好」（I'm ok, you're ok）。當一個人對自己有了信心，感受到彼此各不相同，但卻有著「我們是平等的」。就因為有了這個基礎，在人際的互動上，變得自在。在溝通意見時不會自卑、退卻或暴衝。

一個人能接納自己的現實，用智慧去發揮它，步步踏實去生活和成長。他一定能走出自己的路，表現出自己的特色和價值感。他活得自在，活得有意義，活得歡喜。他在做辦得到的事，在累積經驗中，不斷的成長。他的前途是個活棋，所以生活在健康的人生之中。

心理學家塞利格曼研究人性中可變與不可變時，作了如是的描述：「我在過去二十五年裡研究樂觀。我的目的是要你用正向的思考，去改變人生。但我不是要保證你，可以依自己的心意去改變。樂觀，是相信你可以改變，這是改變過程中的第一步。但是不切實際的樂觀，使你相信自己可以完成那做不到的事。一個人投入那無可改變的事，誤以為那能成功，會是一個悲劇。因為長期的挫折、自責和放棄，會帶來悔恨。因此，我的目的是安裝新的、有效的觀念。可以集中自己有限的時間、金錢和努力，去改變一個你能力做得到的處境，使你的生活變得美好。」他又說：「人要有勇氣去改變你可以改變的現實，也要有胸襟去接受你不能改變的部分。智慧就是在於知道這兩者的分野。」這裡所謂可改變的，就是行得通的計畫和行動。

在《妙法蓮華經》裡說：「如來觀知一切諸法之所歸趣，知一切眾生深心所行，應通達無礙。」經中佛陀指出：每一個人根性因緣各不相同，都要用自我覺醒和智慧，去走出光明的人生，去貢獻社會，去過法喜充滿的生活。佛陀在藥草喻品中說：

「譬如三千大千世界，山川谿谷土地，所生卉木、叢林及諸草藥。種類若干，名色各異。密雲彌布，遍覆三千大千世界，一時等澍，其澤普洽。卉木叢林及諸藥草，稱其種性而得生長，華果敷實。雖一地所生，一雨所潤，而諸草木各有差別。」又說：

「如來於時觀是眾生，諸根利鈍，精進懈怠各不相同。隨其所堪而為說法。種種無量，皆令歡喜，快得善利。是諸眾生，聞是法已，現世安隱，後生善處……如其種性，具足蒙潤，各得生長。」

接納自己的現實，好好用心去發揮。抱著樂觀和希望，以平等心去看出生命的希望。那麼無論現實處境如何，總是行得通，日子過得充實自在。反之，抱著不切實際的目標，用貪婪野心去做不該做的事，終究會帶來挫折、憤慨和沮喪。錯誤的想法和行動緊跟著而來，於是做出貪贓枉法的事，毀掉自己的美好人生。

每個人要透過好的適應力，去接納現實，步步踏實的生活和工作。每完成一個階段的目標，又能在當時的情境，看出新的視野，做行得通的事。行得通的目標，可歸納以下幾個要領：

一、做你能做的事

生命的存續是艱難的，你要從事生產或工作，才能夠得到食衣住行的豐足。你要克服人際之間的衝突，保持一定的和諧，才有感情和生存的支持。不只如此，你要活得有意義，活得有成就感，以及領悟到生命的意義。所以，每個人都得努力去實現他的人生。

然而，生命中最痛苦的事，不是勞苦或碰到困難，而是拿自己跟別人比較，希望自己跟他人一樣亮麗。這一來他放棄了自己所有的寶貴資糧，背叛自己，要活成別人的樣子。這不但不會成功，而且會覺得自己不如人，一無是處，心理症狀就在這時產生了。

生命的本質，是以自己所有的現實和資糧，用它來實現生命的愛與熱情，用它來建構唯一獨特的生命意義。所以，人的生命之道，應該是接納自己，了解自己的現實；發揮它的功能，從中得到自我實現與成長。談到這裡，我不禁想起佛陀在兩千五百多年前，在靈山法會上「拈花微笑」的故事。他要傳承生命的智慧時，手上拈著一朵花，笑著展示給大家看。他告訴大家，生命的智慧已完全說清楚了。

這個透過象徵式語言，所表達的真理，與前述《妙法蓮華經》所說的本義是一致的。意思是說，每個人注定用他所有的現實，去開啟生命之華，結圓滿的生命之果。而且要法喜充滿地欣賞，對他露出豐足的微笑。佛陀當時，看到大家面面相覷，不知佛陀所說的生命智慧是什麼。只有大迦葉這位長老弟子，對佛陀報以會心的微笑。這時佛陀為了讓大家了解這個寶貴的智慧，便為大家解釋道：「我有正法眼藏，涅槃妙心，實相無相，微妙法門，不立文字，教外別傳，付囑摩訶迦葉。」

這簡短的話語，告訴我們無論你的現實是什麼，都要接納它，發揮它的效能。像花開果熟一樣，歡喜地依自己的根性因緣，去定出歡喜的人生路。我個人對這一則公案的解釋是：生命就像一株花，每個人開的花都不一樣，但都同樣的喜樂和有意義。眾生是平等的，也許自己是一株小茶樹，你用不著羨慕大雪山上的千年紅檜。問題是你是否依茶樹的本質，長出芳香的茶葉，而不是要把自己改變成千年紅檜。生命的微笑，就在這裡誕生了，生命的平等義，也就呈現出來了。

人生努力的重點，正是接納自己，實現自己，並為社會服務，讓生命變得豐富和歡喜。用慧眼審視一下自己，你的長處還不少。只要你願意去努力，累積經驗，你一定會行得通，一定獲得豐足喜樂的人生。

二、行得通的因素

人要想步上成功的人生，除了接納現實，從中看出生命的希望和光明面，還要培養成功的心力。蓋洛普曾經調查各行業的高階主管，詢問年輕人應該具備的重要素質。調查的結果，最重要的素質包括：明白事理、廣博的知識、多方面的能力、幹練的工作和生活習慣以及堅毅。

一個人能明白事理，就有好的同理心和思考力，凡事講理，切中實際。無論在工作和生活上，創意較好，容易與人合作，人際支持也較好。

這種能力，能看清工作的方面，情緒也保持穩定。他們較能帶動大家共事，開展更多好的機緣。

其次是廣博的知識。無論你的職業類別是什麼，所需具備的知識甚多。大學所提供的只是某種專業知識。但實務工作上，除了專業知識和能力外，必須不斷進修相關知識，或者在現場體驗觀察，其執行力和系統思考才能跟得上去。此外，相關的知識多如牛毛，諸如法律、行政程序、理財等等。你不得不尋找知識的網絡，從中學習。這才能做到學驗具豐，應付裕如。

其三是多方面的能力。每個人面對生活，必須具備多方面能力，日子才能過得稱心滿意。交友和人情世故，需多方面能力或才藝當介質。此外，實際生活中，能忙裡抽閒，做個好菜犒賞自己，也給家裡增添好氣氛。我看到許多人，所扮演的人生角色，只是職場的工具。他疏忽了多方面的能力，去創造職場的新機和氣氛，更忽略了家庭的樂趣和歡喜。此外，多方面的能力，是個人自由度的基礎，你能力越多，表現得越幹練，生涯發展的自由度也隨之增加。

第四是幹練的能力。能幹是知識加上經驗，所孕育出來的創意和工作效力。能幹不可能只從書本中取得，你必須配合實作和現場的經驗。所以，我常常鼓勵來晤談的人，要張大眼睛，打開視野；對工作的整體運作或種種通路，多加觀察和參與，才能培養出幹練的能力。

第五是毅力。它是個人生活和工作的持續力。有毅力的人遇到困難時不會絕望。他們是面對困難，想辦法去解決它。自己無法處理時，會向專家請教，甚至尋求專業工作者合力完成。毅力使一個人堅持下去，用他的智慧和耐心解決問題。有毅力的人，思考正向，能堅持把事情做好。

這五個因素是成功人生的關鍵。它整合成為一個強韌的適應力。在健康、婚姻、教育子女和事業上，表現出亮麗的成績。

三、經驗學習的重要

從教育的觀點看，一個孩子從小就能參與做家事，是能幹的主要原因。一個幼兒當然不可能獨立做家事，但他可以參與和觀察。找個安全性高，他可以試做的小節，請他幫忙一起做。在父母親陪同指導之下，安全地完成一件小事，繼而稱讚他、鼓勵他。孩子參與做家事的意願增加，信心和成就感提昇。他的注意力開始發展，觀察做事的步驟和細節，也隨之成長。他越做越好，得到父母的讚許，他的主動性也跟著開展起來。

於是，每當你要做一件家事時，他會過來參與。但別忘了，除了繼續指導之外，要給他肯定，給他讚賞和信心。除了做家事之外，要帶領他待人接物，讓他參與招待客人等等。從中學會人際支持，培養愛人助人的基本態度和能力。

帶兒童出去旅遊，要先做講解，並告訴他怎麼購票，需要什麼交通工具，帶著他把預備的事做好。此外，在出發時也一樣請他一起處理一些事務。這樣的教養方式，孩子長大之後，主動性也跟著發展開來。他能主動的讀書做功課，能幫忙做家事，在自己的前程路上，也表現得主動，有方向感。

就一位成人而言，他願意主動地做些嶄新的經驗學習，他待人處世的能力，也會快速的增加。這時，他不會退縮，更不會把自己侷限在一個生活和工作場景的角落。他有能力開展新局，他的機會也比別人多。

結語

人有了豐富的經驗和能力，加上開展自己的長處和美德，凡事都能行得通。然而，有許多心理有障礙的人，他們缺乏主動學習，沒有培養自己的長處和美德。面對自己的生涯困頓束手無策，都怪罪事情本來就行不通。這是心理症的肇始，不可不慎重。

16 調伏憤怒有方

安定的情緒有益於健康，使人保持清醒，發揮自我功能。它影響生活品質和生涯發展殊大。憤怒的情緒則易帶來衝動，引起敵意、暴力和衝突，帶來不堪的後果和困擾。

當個體感受到挫折、威脅、屈辱或不公平對待時，很容易引起憤怒。如果不懂得調伏它，任由它發洩，就會越來越憤怒，作出非理性的行為。研究指出：衝動的表達憤怒，只會令人更生氣、脾氣更大、暴跳起來，久之會變成習慣，帶來身心的傷害。在人際交流和工作上，也會造成有形無形的障礙。

如果你在動怒的剎那，若能按兵不動，讓憤怒之氣消去，冷靜的思考處理糾紛，那才是正辦。有時，我們碰到不仁不義之事，會義憤填膺，會發怒洩憤，但要理性掌握，適可而止。常常動怒固然不好，長期的壓抑，讓自己忍氣吞聲，也會帶來很大的傷害。研究顯示：壓抑怒氣會帶來胃腸疾病和心肺系統的不適。

受到委屈或不公平對待，若硬把它壓了下來，讓怒氣藏在心中，很容易變得沮喪。在孩子的教導上，如果採取「你生氣，我就給你好看」。久而久之孩子發洩怒氣的管道阻塞，壓抑的情緒會造成身心的傷害。在行政管理上，若上司常常以怒氣逼人的方式處理事務，則會造成團隊創意的低落，甚至引起人才流失的現象。

縱容自己發怒有害，壓抑怒氣藏在心中同樣有害。所以我們要懂得舒解憤怒，掌握「轉識成智」的竅門，把憤怒化為生活的智慧。茲建議從以下著手：

一、先淨心再作回應

處理憤怒不是一件簡單的事，因為引起個體憤怒的原因複雜，情境和壓力源都不相同。於是心理學家提出了一個澄清自己情緒，繼而釐清事情的真相，然後才採取回應的行動。心理學研究指出，當憤怒襲上心頭時，要把握三個步驟：停下來，想清楚，再作決定和回應。

所謂停下來，是暫停爭吵，休息一下。「放下它！」去做點別的事情，或上個洗手間，暫時不作回應。讓一時激動的情緒過去。接著，把事情想清楚，用同理心去了解對方的想法。把人和事分開來，脫離對立或敵意的角色。讓自己充分了解事情的真相。然後面對真實，提出合理的解決之道。

二、靈性的覺醒

在日常生活中，找個時間做靈修的功課。諸如靜坐、禪修、宗教的觀想等行持。它不但能調養我們的心情，而且能提高自己的覺醒心力。令我們產生同理心，提昇我們的覺性，讓自己不致陷入憤怒的泥淖。賓州大學安德魯・紐柏格（Andrew Newberg）的研究指出：這些靈修能提昇大腦神經機能，改善生理和情緒健康；強化特定神經迴路，產生安定、慈悲、友愛的心理；促進清醒思考和提高自己的悟性。

修行能令我們產生靈性的覺醒，開啟慈悲和友愛，並能以安定的心去面對生活，並提昇自己的自我功能。

三、培養社會網絡

社會網絡的培養，能帶來人際支持。它包括：感情的支持：它能協助我們穩定情緒，超脫無助與沮喪，並培養相互關懷和了解的愛心。工具性的支持：包括例行性的協助，日常生活的關心和幫助。金錢的支持：包括協助你經濟上的需求。評價的支持：包括提供意見，協助你評估事務和解決問題的方法。活在高社會網絡的人，也就較少陷入憤怒情緒。

社會網絡大的人，生理和情緒都比較健康，其平均罹患重大疾病的機率較低。密西根大學科學家研究發現：社會網絡小的女性，死亡率是高度社會網絡者的二倍，男性則接近三倍。此外，研究中也發現社會網絡大的人，情緒較好，抵抗力高，較不容易罹患感冒。社會網絡小的人，罹患感冒的機率，比社會網絡大的人高四倍。

結語

憤怒的情緒，影響人生殊大。它干擾我們的理性思考，抑制我們的創意，破壞我們的人際合作，甚至把婚姻、事業和健康都會賠進去。盧賽克（Linda Russek）曾經作過一個追蹤，發現沒有感覺到自己與父母間關係溫暖的人，有百分之九十一的人，在中年時即罹患心臟病、潰瘍、酒精中毒、高血壓及氣喘等病。那些覺得與父母關係溫暖的人，則只有百分之四十五罹患疾病。

調伏憤怒的藥石無他，那就是淨心再作回應、靈性的覺醒和培養社會網絡。透過這些技術，你會活得更健康、成功和幸福。

17 培養有能力的愛

有能力的愛，能孕育好的婚姻，開展啟發幸福的親子互動。有能力的愛是每個人發展幸福生涯的動力。

愛是主動關懷別人的能力。它的本質是給予，在給予中自己也體驗到能力、信心和豐足感。愛的本身能喚起對方的愛，開啟他的能力，產生自我認同，提昇其自我功能。愛是人類文明發展的動力，也是每個人能活得健康幸福的資糧。

愛是教化的動力，是社會安定和經濟繁榮的根本。不過，愛必須是有能力的愛才行。有能力的愛能溫暖人心，開展彼此的信心和健康的自尊。透過愛的關懷和指引，能啟發彼此的智慧，開展每個人的潛能。愛孕育了人際關懷，引發彼此的扶持，表現出仁襟義懷。

有能力的愛是幸福婚姻的養料，是美好人生的心理動能。它更是身心健康和開展潛能的關鍵。有能力的愛是教育園地裡的陽光，是孩子們心智發展和成長的雨露，更是身心健康和健全品格的根源。沒有愛就沒有真正的教育。

父母和教師必須認清：教育愛是在幫助孩子成長，指導他們開啟潛能和創意，步上人生的康莊大道。教育不是把自己的野心和欲望，轉嫁到孩子身上，期待他們實現大人的意願。於是，真正的愛是一種卓越的能力。它能給予孩子信心、希望和活力。引導他們依自己的性向和因緣，去開展其潛能，去實現其幸福成功的人生。

父母和教師沒有不愛孩子的。不過有些人的愛，具備豐富的啟發性，從而帶給孩子或學生心智成長的力量。不過，有些人的愛是執迷的，不但缺乏啟發性和影響力，反倒造成緊張、衝突和焦慮，帶給孩子挫折和厭倦。

有能力的愛能誘導受教者主動學習、發展健康的情緒、啟發清楚的思考、陶冶良好的生活習慣，並指導他們看清人生的光明面，勇往向前邁

進。所以，父母和師長，務必重視心靈的啟發，拓展其開闊的視野，提昇其各方面的適應力。讓他們能夠在變遷快速的地球村裡，展現創意和才華，實現成功的人生。

每個孩子都注定要用自己的天賦和性向，開展其人生路。他們必須學會了解自己的長處，接納自己，努力去實現其潛能，做一位能自我實現的人。我們活在開放的經濟體系下，有無限的機會，在各行各業中展露才華。因此，教育除了基本能力的培養外，必然要重視多元智慧的啟發，才能銜接未來專業的選擇和發展。此外，更需提供生活和工作的體驗，以落實其生涯發展的基礎。缺乏這些磨練的年輕人，總是不能踏實地走向光明的未來。

於是，我們必須用有能力的愛，來教導優秀的下一代。多年來，我從事教育、心理輔導和親職的研究，並注意科技和經濟的發展，帶動快速的社會變遷。我深知有能力的愛，是當今為人父母和教師，所必須重視的課題。

我觀察家庭教育和學校體系，找機會訪問他們心底的想法，再加上我作心理晤談的經驗。我知道大家都很重視教育，也都摯愛著孩子。不過，有幾個偏差的觀念，值得大家重視反省：

- 過度重視升學，以致忽略生活教育和通識的培養，對未來適應社會快速變遷的陶冶不足。
- 強調競爭和出人頭地的教育，帶來過多的緊張和焦慮，甚至造成挫折感，影響身心理健康。
- 父母過度照顧孩子或溺愛，缺乏應有的生活歷練，例如不做家事，缺乏待人接物的參與等等。這些弱點，會影響未來生活和工作的系統思考和執行力。
- 太重視功利價值，以致多元智慧的發展、品格教育、生命教育，得不到應有的重視。這在孩子潛能發展上，難免是一種不足。
- 對孩子的期許或抱負水準過高，容易帶給孩子額外的心理壓力，從而造成挫折和壓力，這會失去積極主動的學習興趣。

有能力的愛，帶來正確的教育觀念，開展有效的教導，孩子的心智就能得到好的啟發。教育必須讓每個孩子適得其所，得到應有的啟發和成就感。他們才有信心和勇氣，把所學的知識和能力，帶到現實生活上發揮。以下三個要領是實現有能力的愛之途徑。

一、發揮愛心因才施教

每個孩子各有稟賦。他們的能力、性向、體能和脾性都不一樣，不可能有一體適用的教學和輔導方法。有能力的愛，就是特別重現個別差異，並採取適性有效方法，把每個孩子帶上來，都成為有用的人才，都能保持他的信心和完整的自我認同。

有能力的愛能給人溫暖、信心、希望和喜樂。在彼此生活互動中，產生啟發和教化。每個孩子都因而發展出他的個體性和社會性。有自己的長才，從而展現其主動性和信心。信心不但帶給他健康的自尊，同時也開展了自我認同。這樣的信心穩固，有著樂觀的態度和正向的思考。

每個孩子稟賦不同，興趣、能力、體質互異。唯有透過有能力的愛，去關懷和啟發，他的人格發展才會健全。他不但明白事理，待人接物中肯；更重要的是他有著鍥而不捨的毅力。他知道自己的長處，朝著正確的方向，步步為營地走向成功的人生。

有能力的愛必須具備豐富的知識。對孩子的學習行為、心智及人格的發展狀況，乃至教導的方法，都應有所了解。此外，父母和教師也要留意，同一個孩子或學生，在不同年齡和發展階段，其行為和適應方式差異很大。必須有足夠的知識和能力，去做回應和啟發。否則很容易造成抗拒和不良後果。

二、愛是沒有條件的給予

愛是沒有條件的。父母和師長不能因為孩子表現優異才愛他；也不能因為他適應不良，或品行不好就不愛他。**愛是幫助每一個孩子，開展他們的潛能，得到成功的經驗，在歡喜中建立了信心。所以，無論孩子表現如何，都給予關愛和教導。**這樣的愛心，來自教導者的修持，來自他安定的心，更來自他對生命的尊重和珍惜。

我們不能因為孩子頑劣不聽話而失望，更不能因而氣餒，放棄他不管。這樣的孩子，更需要你有能力的愛，去接納他、同理他、引導他，讓他步上正途。另一方面，我們也不能因孩子表現優異，而愛心失準，流於袒護，疏於啟發或忽略了應有的指導。請注意！孩子表現卓越，需要父母師長的肯定和欣賞，但也要巧妙地做進一步的指引。表現拙劣，仍需要愛的鼓勵，看出他的優點，維護其信心，作有效的補救教學。

有條件的愛，孩子在遭遇挫敗時，覺得師長對他們失望，進而延伸到別人也對他失望。這樣的愛，很容易造成負面的情緒，引發失落和悲觀的情緒問題。反之，沒有條件的愛，能令孩子有著溫暖穩定的心。他們的主動性和信心，都很穩固，即使遭遇挫折，也很容易再站起來。

三、愛要兼顧社會支持網絡

師長對孩子的愛，不可以建立在彼此共生的關係上。當師長對一兩個孩子特別疼愛，而疏忽了其他孩子的感受時，這個班級或家庭，會陷入冷戰或疏離。這時，被愛的孩子會被同儕排擠，變成他們嫉妒的對象，從而造成心理創傷。那些排擠別人的人，則覺得被冷落，而產生敵意或失落感。長大之後，他們的社會整合（Socially Integrated）很差，而形成孤立的個性，從而造成社會支持網絡的狹隘。

在這種情況之下，被愛和被疏忽的人，都成了輸家。他們無法建立較大的社會支持網絡，而變得孤立。這些缺乏人際支持的人，不但在職場上適應不良，人緣也較差。許多研究指出：他們在身心的健康上，都受到負面的影響。

因此，有能力的愛，是透過社會支持的力量，把每個孩子的優點都找出來，互相欣賞支持，形成一種向上的氣氛，彼此互相鼓勵和肯定。這種愛的教育，不但能開啟每個人的潛能，同時也培養優質的社會整合。心理學家諾曼．安德森指出：他們不但得到好的人際支持，較高的社會參與度，而且他們的免疫力好，健康又長壽。

結語

有能力的愛是教育工作的心理動能。它能給予個人安適和充實的生命體驗，也同時啟發了自信心和創造力。有能力的愛能喚起被愛者的愛，產生生命的主動性。誠如弗洛姆所說，愛是主動關懷被愛者的生命及成長。因此，它必須是有能力的愛。要達到這個有能力的愛，需要一些基本力行的因素。那就是專注、耐性、無上的關心和紀律。特別是紀律這個律己的法寶。有了它才能把愛心充分表達出來，並產生有能力的愛。

有能力的愛不只用於教育。它在職場、婚姻和生涯的發展上，都具關鍵性影響力。我們不只要培養愛心，而是要把它化為有能力的愛，來帶動每個人，並建立祥和的社會。

18 珍惜當下契悟永生

每一個人都要對自己的人生，看出正向的意義，才能活得自在喜樂，活得振作，充滿著希望。生命是有限的。我們除了要在有生之年，活得幸福，也要從死亡的領悟中，契悟生命的意義。如此，我們才看到完整的生命藍圖。開啟了寬闊的生活視野，能適應種種無常的變化，也能對生命的生老病死，懷著超越的態度，產生良好的適應力。

人生是有限的，慧命是永生的。我們注定要在無常變化的生命過程中，培養愛與智慧，活出意義，並契悟永生的存在。這樣才能建構出圓滿的人生。佛陀在《大般涅槃經》中說：這就是無量壽的菩提自性。我們透過有意義的生活，去行覺有情的菩薩道，展現慈悲喜捨，最後回歸到極樂世界，歸屬於如來法界。

心理學家弗蘭克（Viktor Frankl）則說：死亡是生命的一部分。生命有了意義，這使每個人的存在，都是絕對必要的，不可置換的一部分。每個人都在他的生存中，看出意義，活得有價值，活得自在。他們無需找藉口來逃避不如意或困難。他們對自己的人生，抱著「這總是好的」。他們努力正向的態度，使自己成為真正存在的個體。這些參悟生命根本意義的人，真像是禪家所說：「一花一世界，一葉一菩提；日日是好日，夜夜是春宵。」

能看清自己為何而活，就能活得有意義，生活就能調適得好。從中領受到充實、喜悅和自在感。因此，孔子在被問到這個主題時說：「不知生焉知死。」不過，大部分的宗教家卻會同時提醒我們：「不知死焉知生。」然而，我對心靈生活的觀察和實務經驗，也能了解這個生命的事實：生與死兩者是相互依存的。只不過是：年輕人較側重生的意義，老年則較偏重死的參悟，而大部分的中壯年則在兩者之間思索。

心靈生活必然從現實生活，延伸到死亡後的存在。現實世界如果不與永恆的存在，構成和諧的意義，心靈生活就缺乏歸宿，形成無根、流浪、漂泊不定的狀態。反之，如果只是一味追尋永生的一面，而忽略現實生活的意義，同樣會帶來失衡。這種失衡，往往帶來心靈生活的困難，衍生成許多生活調適的問題。

為了幫助大家了解珍惜當下契會永生，我們可以從瀕死經驗的研究中，找到許多啟發。特別是肯尼斯．林格（Kenneth Ring）和雷蒙．穆迪（Ramond Moody）兩位學者所作的研究。前者是康乃狄克大學的心理學家，後者是一位醫學教授。他們都以嚴謹的態度，收集有過瀕死經驗的人，調查研究死亡經驗。他們都發現：有過瀕死經驗的人，儘管年齡、教育程度、出生背景和性格各有不同，卻對死亡有著相同的經驗。他們談到脫體，同死去的親人相會、見到光明的世界，或者來到昏暗的世界等等。特別是見到光明世界的人，都說他們覺得安適和喜樂，使人渴望留在那裡。然而，在回陽之後，卻對自己的生活，起了積極的作用。他們相信自己面對的是至高無上、充滿慈愛的本體世界。這使經歷瀕死經驗的人，在回陽之後，相信生命的可貴，懂得去愛人，洞悉不應該故意結束生命，或自甘墮落，擾亂自然的秩序。這有幾個重點值得重視：

一、尊重和愛惜生命

他們都發現，有過瀕死經驗的人，都非常尊重生命。自我價值得到提昇，能關懷別人。同時開啟了高度的生活智慧和生活態度。他們的利他使命，使一個人漸漸進入大我的境界。因此，林格指出：瀕死經驗不僅是促進文明演化的因素，也是人生、愛心和開發潛能的課程。人類應該應用這些課程，來充實自己的人生，開化自己的心靈。他說：

「我希望有心人，能將這些知識，充分發揮到實際生活層面，才能更清楚的體驗到：我們能在往生之際，超越自我，進入大我之境。心懷這種宏觀願景，才能度過充實圓滿的一生。」又說：

「我投入瀕死經驗的研究，長達三十年，與數以百計的瀕死經驗者有過往來。我想的是要從瀕死經驗中，汲取精要部分，並將其實際價值，呈現給大眾。當我傾聽他們陳述，其面對光體時所得到的啟發，也就能像他們一樣，得到學習和成長。」

瀕死經驗的研究，帶給我們生命的意義、愛心和智慧，帶給我們珍惜當下和契會永生的覺悟。

二、澄清瀕死經驗的真相

林格在研究中，也對瀕死經驗作了科學的澄清。他說這些瀕死經驗是否因為麻醉品引起的？但有許多當事人並沒有接觸藥品，又何況藥物和麻醉劑只會忘掉瀕死經驗。其次，瀕死經驗是否為休克所帶來的幻覺呢？可是，幻覺通常都是散亂和不連貫的，而且內容因人而異。然而，共同瀕死經驗，卻很明確、一貫、有真實感。其三，這些經驗會不會是臨終的人，看到自己想看的景象呢？也不是，因為這些經驗者之中，有很多並不知道他們有生命的危險，而且大部分沒有妄想過死後的世界。最後，這種經驗會不會是死亡一瞥的短暫經歷呢？顯然不是，經歷這種經驗的人，在他們的態度、價值觀念、愛心及助人的傾向上，有著明顯的提昇和增強。

雖然瀕死經驗無法以嚴格的科學實驗研究，取得令人完全信服的答案。但到目前為止，所能看到的資料，已是最能令現代人了解的死亡經驗資料。

此外，有關瀕死經驗中，所謂靈的存在問題，日內瓦大學圖書館館長瓦那蕊拉（Evelyn Valarino）在整理有關瀕死經驗的研究資料時，曾以此為題，訪問許多神經外科學者、物理學家、心理學家及宗教家。他們對心靈永恆存在的課題，大抵得到一致的看法：它是存在的。

我們真該重視對生命的愛，開啟靈性的生活。讓我們開啟宇宙心，展現慈悲喜捨四無量心，找回無量壽的自性，活在永生的慧命中。

三、永生的慧命

顯然，人並非只為現實這個生命而活，應該包含為永生的慧命而活。我們活在現實世界，也同時活在本體世界。這兩者並非互不相干，且是相互隸屬。現在我們更能了解二十世紀美國心理學家和哲學家威廉・詹姆斯（William James），在研究宗教經驗中所說：

「有形的世界是精神世界的一部分，前者從後者取得它的主要意義，它的根源是愛與智慧。人與更高層面的精神世界會合，是人生的真正目的。」

四、與禪法相會心

康乃狄克大學心理學家肯尼斯對瀕死經驗也作了許多研究。他認為瀕死經驗的研究，能讓我們更了解禪的智慧和開悟。他說：

「在禪的傳承中，有一本畫冊叫《牧牛圖》，旨在描繪心靈開悟的階段。原始的畫冊的最後一幅，畫的是一個白色的空心圓。代表著心靈圓融合一的境界，以及萬物皆空的本然。但後期的禪宗大師，則將開悟的歷程，推展在醒到醒悟之上。另以一幅圖畫作結尾，上面畫著一個心智已開悟的人，由山頂下來，走入村莊。他擁有一雙『賜福人間』的手，和一般人生活打成一片。以身教鼓勵他人，同時不分階級、職業和性別，對所有的人，施予同情與關懷。」他接著說：

「我們也必須承認，方興未艾的瀕死經驗研究中，發現許多內容很接近禪佛教。我們一開始就提到此一傳統信仰，值得繼續維持下去……。」

事實上，禪的傳統還有另一個向度：在開悟之後，才開始真修實煉（按：《神會和尚遺集》中有云：「悟法漸中頓，修行頓中漸」的典故）。透過瀕死經驗的研究，真能讓我們珍惜當下的人生，契會永生的慧命。

五、真空妙有的人生

在禪者的修習功課中，把本體世界稱作空，把現實的現象世界稱作有。前者又稱作萬古長空，後者又稱作一朝風月。宋朝的善能禪師解釋道：

「不可以一朝風月，昧卻萬古長空；不可以萬古長空，不明一朝風月。且道如何是一朝風月？人皆畏炎熱，我愛夏日長，薰風自南來，殿閣生微涼。會與不會，切忌承擔。」

當我們對生命的限定性有所了悟時，就能契會非限定性的萬古長空之妙。這裡所說的空不是不存在，而是美好的如來法界，它光明圓覺一切具足。我們若能體會到它，就能回到現實世界的人生，過日日是好日的生活。在生命結束時同時存在於永生的慧命之中。

結語

從真空妙有中，我們既能珍惜當下，享有快樂和幸福。在悲智雙運中，開展拈花微笑的玄機，又能契悟永生的慧命。從而明白自己也是無量壽的覺者，是如來法界的一份子。透過瀕死經驗的研究和新知，更能開啟人生的視野，展現慈悲喜捨的心，活出大自在的人生。

19 後記

適應力攸關人生的成敗幸福。達爾文在他的《進化論》中強調適者生存，不適者淪落被淘汰的命運。

適應力不只是個人生涯發展的課題，對於一個族群、企業，乃至社會國家，都需要它。人不是生活在你愛幹什麼，就去幹什麼。那是任性，而非自由。真正的自由是想得對，做得正確，發揮適應力。生活要面對許多挑戰，要先了解現實，從而有了系統思考和踏實有效的執行力。這樣才能發揮適應力。

適應力不是被動的隨波逐流，而是應用眼前的資糧，去創造適合生活的環境。從而開展新局，得到美好的生活。人須能適應不斷變化的環境，從中實現有意義的生活，創造有利的因素，實現幸福的人生。

因此，成功的人生是適應環境，開拓美好的願景。它包括發展自我功能及待人處世的能力，負起生活和工作的責任，實踐倫理道德和守法。除此之外，正如正向心理學之父塞利格曼所說：要有正向的思考，從中培養自己的長處和美德。

適應力是隨著社會的變遷，做正確的新回應。在這過程中，必須有挫折容忍力，才可能劍及履及的實踐新的願景。它是成長的動力，更是福德莊嚴和智慧莊嚴的根本。

適應力一旦崩解，無論是個人或社會族群，都會陷入紛亂，處於困境之中，苟延殘喘。因此，我們要互相鼓勵和支持，開展良好的適應力，避免墮落沉淪。

本書以十八個主題，闡釋適應力的運用和陶冶。提出振衰起敝的心理技巧，揭示適應力的心理動能。希望它能幫助大家潛能得到開發，避免陷入無明的困境。更希望它能帶動社會的進步、安定和繁榮。

適應力攸關個人幸福和生涯發展，同時也是國泰民安的關鍵因素。我們一定要重視它，誠心地培養和實踐它。

這本書是以平常生活和工作為主題寫就的。若以同理心去讀它，無論你的職業、角色和社經地位如何，相信你會領會，而起動你的適應力，化為可貴的行動，拓展美好的未來。

國家圖書館出版品預行編目（CIP）資料

起動適應力：適應當前環境，開拓美好願景 /
鄭石岩著 . -- 初版 . -- 臺北市：遠流，2018.02
192 面；14.8×21 公分 .
-- (大眾心理館)(鄭石岩作品集 . 心靈成長；10)

ISBN 978-957-32-8180-1（平裝）

1. 修身 2. 生活指導

192.1 106022057

大眾心理館
鄭石岩作品集　心靈成長 10

起動適應力
適應當前環境，開拓美好願景

作者：鄭石岩
副總編輯：陳莉苓
校對：陳錦輝、李志煌
行銷企畫：陳秋雯
封面設計：鄭志文

發行人：王榮文
出版發行：遠流出版事業股份有限公司
100 臺北市南昌路二段 81 號 6 樓
郵撥／0189456-1
電話／2392-6899　傳真／2392-6658

著作權顧問：蕭雄淋律師
2018 年 2 月 1 日　初版一刷
售價新臺幣 280 元（缺頁或破損的書，請寄回更換）

ISBN 978-957-32-8180-1

遠流博識網
http://www.ylib.com　E-mail: ylib@ylib.com

A3A38 活出豪氣來

豪氣是一個人樂觀、能幹、品德和修養的來源。本書結合了禪學的心要、心理學的研究，以及多年來個案晤談的心得，對豪氣做了分析和解釋。

《活出豪氣來》這本書，能幫助你培養正向的人格特質，帶給你喜樂和良好的回應力，做個成功的生活好手。

A3A39 牽手往幸福走

美好的婚姻不但是個人幸福的來源，也是子女成長的庇蔭所；它使夫妻雙方的父母得到照顧，更是社會安定和良好文化傳承的基石。

這本書的內容有從婚姻困擾者的經歷得到教訓，有從幸福夫妻身上得到啟發，相信能帶給讀者許多有用的知識。

幸福婚姻有一定的主觀因素，只要夫妻彼此協調得好，真心相愛，不斷學習和成長，就是幸福。

A3A18 活出自己的如來

《妙法蓮華經》告訴我們：要入如來室、著如來衣、坐如來座。

一方面要用真心實現慈悲、柔和與安忍，創造美好人生；另一方面，要契會如來的永恆法性，從而獲得大自在。

每個人都注定要做他自己，用自己手中的彩料，去塗繪絢爛的人生圖像。人只有了解自己、接納自己，實現自己的如來，才能找到法喜、意義和幸福。

A3A20 清涼心 菩提行

清涼心是聰慧的本質。它使我們清醒和冷靜，產生清楚的思考和創造力，從而去實現多采多姿和意義豐富的生活。

美好人生之旅的第二個核心因素就是菩提行，它既是行動力，同時又是證道的人文倫理。透過菩提行，我們找到心靈生活的歸宿，找到真正的自在。

A3A28 媽媽教我的事

《媽媽教我的事》是生活教育家鄭石岩老師，獻給全天下的母親最佳禮讚。
他說：「原以為，我的美好人生是自己努力得來的；回首才發現，這些都是母親以慈愛與智慧澆灌的花結出的果。」

鄭老師的母親雖然沒有讀書，但卻有很好的觀察和思考能力；她沒有進過正式的學校，卻能從現實中學到知識和見識，從聽聞中學到佛法和美德。在【拼湊出美好】篇中，母親告誡他要懂得把自己身上的優點找出來，拼湊成可構築的圖案，就是一種成就。此書是作者第一本關於自己成長的故事。

A3A27 覺·教導的智慧

禪學是一門心靈覺悟的智慧。鄭石岩老師透過實際體驗、思考和新的研究結果，活潑地加以應用，融入心理學和教育學的新發現，構築成《覺·教導的智慧》，對教育的本質、教導的觀念和方法，作了深度的討論。

覺悟是教育的真理，是成長的力量，是教育品質的保證。教育工作者每天都應提醒自己教育的本質在於心智的啟發和成長，要時時檢討教導方法的適切性，天天關心愛心與行動的妥當性，才會有情感交融的活潑教學。

鄭石岩作品集　唯識心理學系列

A3A46 生命轉彎處

生命就像一條大河，它不停的向前奔騰，迂迴轉彎，須克服種種險阻，才能邁向光明的未來。生命的真諦是實現，而不是追求；是面對現實環境，懂得轉彎迂迴和成長，而不是橫衝直撞或逃避。

《生命轉彎處》側重在心理輔導、諮商的實務，把理論架構予以整合，並著眼於精神生活更高的層面上；以生活的調適、生命的實現和心靈的終極關懷為目的。這是一本討論提升精神生活、維護身心健康、實現幸福生活的書。更重要的是，它已觸及生命的希望和終極意義，讓你找到安身立命之道。

A3A45 過好每一天

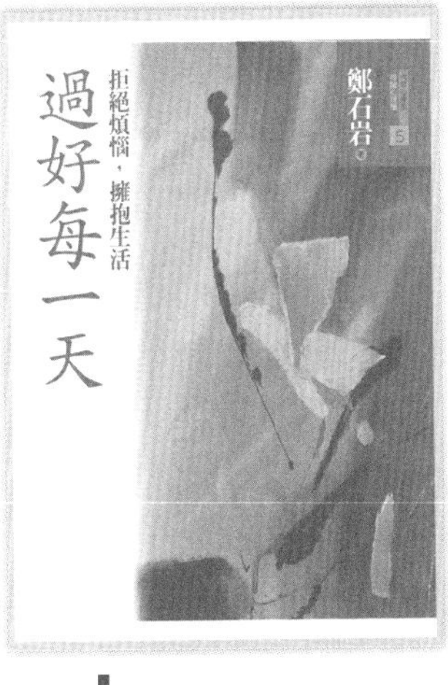

這個新世紀，我們將更需要情緒智慧；有了它，我們才會生活得幸福；有了它，我們才能創造新的文明。

情緒智慧並非只限於情緒的表達，它包含很廣，從待人接物到安身立命，從人群關係到生命意義的領悟與實現，都是情緒智慧。我們要重視它，學會它，因為它影響我們的身心健康、生活適應和潛能的發展。希望這本書能給讀者帶來情緒智慧和良好的心理調適能力從而發揮其潛能，過好每一天，實現幸福成功的人生。

A3A52 行佛 樂活人生

鄭老師長久學佛行佛，讀經看教，但心中總以「學佛」自居。二〇一一年夏，在佛光山謁見星雲大師，獲賜寶貴的一筆字「行佛」，才真正證悟其中。

「行佛」一筆字讓他把閱藏心得串在一起，更從中領會人間佛教的真諦，整合畢生努力行持、生活、服務和工作，領悟到「行佛」即與般若相應，是菩薩所當行。他認真踏實提倡「人間佛教」的法源，更理解他所說「有佛法就有辦法」的真諦。

行佛是在日常生活與工作中，以慈悲喜捨的覺心，依三十七道品的指引實踐。學佛與行佛同時，能打開理事無礙之門，契入事事無礙的全新法界，正是正向人生的知與行之道。

我們在平常生活之中，若能發願行持三十七道品，養成習慣，自然的流露在生活和工作之中，便是「平常心是道」。平常能持菩提分，就能發揮創意，生活過得充實，並產生安定的心靈。

這些菩提道品可以產生：自我功能的提升和創意的增長，增進生理和情緒的健康，形塑較好的人生觀，產生寧靜、慈悲心和對社群的關懷，並且增強認知、溝通和創造力。

心理學家貝克說：
生命是艱難的，
要面對真實負起責任，
才能適應多變的人生。

禪宗洞山大師則說：
「也大奇！也大奇！
無情說法不思議。
若將耳聽終難會，
眼處聞聲方得知。」